大是文化

投資生技股
第一本書

百歲人生的最大商機。
從臨床試驗到公司架構、經營者身分、技術輸出可能性，
辨識生技潛力股的必備知識。

韓國前三大資產管理公司本部長
股票基金經理人、分析師
李海鎮 (Albioking)——著

葛瑞絲——譯

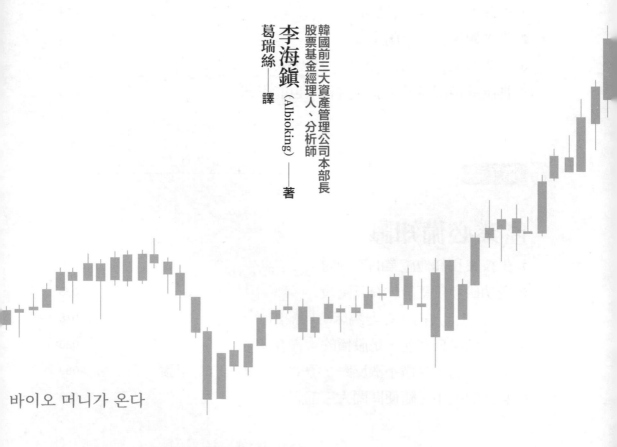

바이오 머니가 온다

---- • Contents • ----

推薦序

充實產業知識，
是投入生技股的第一步

《台股大循環操作術》作者／黃嘉斌

　　對於生技產業的投資，一直以來是許多投資人的夢魘，也是不敢輕易嘗試的領域，甚至不少有相當投資經驗的熟手也是望而卻步，究其因，2014 年基亞（3176）解盲（按：在資料蒐集、分析過後，研究人員才會知道實驗對象所屬組別，其結果評估則會產生完整的療效指標）失敗重傷投資人，接著2016 年生技股王浩鼎（4174）再度解盲失敗，讓投資人蒙受不少損失。兩次解盲失敗後續又都衍生出內線交易、圖利等官司，讓產業蒙上不少陰影。

　　一個產業群落的建立過程，免不了有一些混水摸魚的公司，藉由投資人對於產業尚未熟悉之際，從資本市場騙取資金、用股票換鈔票，尤其是興櫃市場的管理較為鬆散，更容易被人為操控。

　　不過到了 2020 年新冠疫情出現，推動防疫物資、檢測、疫苗等相關公司股價，更凸顯出全球生技領域的重要性；接著從2021 年開始，國內新藥廠商合一（4743）、逸達（6576）、藥

5

華藥（6446）、北極星藥業－KY（6550）、漢達（6620）等陸續解盲成功，CDMO 專業代工廠保瑞（6472）9 年併購 6 家藥廠，躍上國際舞臺，也成為生技新股王，至此國內生技產業儼然成形，占有不容忽視的地位與商機。

在生技產業日趨重要之際，其投資方式卻比其他標的更難理解，難以掌握風險。

簡單來說，**投資生技股的評價模式，與其他製造業或半導體產業所適用的分析模型截然不同**，不一樣的生技公司、投入研發領域及臨床階段，都有不同的評價模式，相較之下，其他製造業大多可以透過財務報表分析出有用資訊。因此，在投入生技股之前，需要花更多時間學習相關知識。

除此之外，**一般散戶投資生技新藥公司，其實比公司經營者更具優勢**。首先，資訊取得的時間落差有限，就新藥開發公司而言，影響股價最重要的幾個關鍵，比如臨床解盲時間的預估、該新藥市場規模、現有競爭者等資料，這些資訊攸關長期價值的評估，投資人並不會因為稍落後於公司內部人士而影響股價。

至於解盲成功與否，則更難有內線，主管機關如美國 FDA（U.S. Food and Drug Administration，美國食品藥物管理局）絕不可能洩漏資訊，而公司投入龐大資金與時間，基本上也是抱持著自己會成功的信念；但當然，未到翻牌之際，結果不會揭曉。

還記得 2014 年基亞（3176）解盲前夕，CEO（Chief

Executive Officer，執行長）還信心滿滿的加碼買進自家股票，結果卻以失敗作收。這也告訴了我們，**解盲成功與否，沒有人能有內線**。不過正因如此，散戶反倒具備優勢，比公司更具選擇權，當股價已預先反應時，可以先落袋，倒是公司內部人士的進出受到限制。

充實產業知識是投入生技投資的第一步，也是最重要的一步。本書提出了未來生技產業發展的前景，很值得深入研讀。

不過，有兩件事情要提醒讀者，首先，投資新藥公司的迷人之處在於，新藥開發若成功，不僅是一種藥而已，也意味著一項新的治療疾病技術，未來可以將此技術不斷擴充應用至其他適應症上；目前檯面上許多國際級藥廠的發跡，多是依循這樣的軌跡。

但是，一種藥的研發動輒十餘年，且以失敗收尾的風險很大，在投資之前，我建議以「最安全的錢，做最具風險的投資」，也就是做好絕對的風險管理、做好該做的功課，否則就如同作者在本書所強調的：**缺乏基本知識，生技股等同賭博**。

其次，上市掛牌且解盲成功，獲致股價一飛千里，但這是否代表該檔股票就此「錢途無量」？其實這時試煉才剛開始，必須聽其言、觀其行，更加審慎。

一般而言，新藥公司 CEO 都是苦了很多年，甚至可能投注了一生的青春及家產，在這種情況之下，面對股價狂飆，很容易迷失。事實上，就有不少好公司在上市後「變壞」，上演赴京趕考中狀元（解盲成功）後便拋棄糟糠之妻（股東），把

股東當成韭菜收割，為了一己私利罔顧股東權益。

這時候，投資人要觀察幾件事情以自保：公司是否不斷釋放「口惠而實不至」的利多、該實現的業績始終無法達成、不缺資金卻不斷透過各種方式低價募資（現金增資、GDR〔海外存託憑證〕、CB〔可轉換公司債〕等），而卻又實施庫藏股（按：使用帳上現金來買回自家公司股票）護股價，且大股東不斷降低持股，或出現不尋常的借券等各種資本市場操作，都是公司圖私利的跡象。

我常說「事不過三」，對公司的掌握只要出現 3 次錯誤，就應該提高風險意識，甚至出清持股。

總的來說，從生技產業中求富貴，雖然風險不低，但只要做足功課，的確是一個值得投入的領域，我認為，細細研讀此書，就是一個很好的開始。

前言
生技產業，
無法忽視的投資商機

　　我一開始會對於生技創新感興趣，是因為讀了日裔美籍知名物理學家加來道雄所寫的《離開太陽系》（*The Future of Humanity*）。他在書中提到，地球總有一天會消失，所以人類會為了生存而將生存空間拓展到太陽系、其他星球或其他宇宙，同時，人體還會搭配各種環境改變。

　　也就是說，星際旅行的前提是，人類的健康和壽命要有劃時代的延長，有意識的改變身體來配合不同於地球的行星環境，而為此需要尖端的生物科技。他的這番話大大引起了我的興趣。

　　加來道雄並非只是一個預言家，而是知名的理論物理學家。他去探訪各領域中正努力研發最尖端技術的公司與研究所，親眼見識各方面最先進的技術，並在訪問研究學者後做出預測，以這點來說，他的主張很有說服力。他在 2012 年寫的《2100 科技大未來》（*Physics of the Future*），現在讀起來依然相當真實且新奇，應該也是這個原因。

　　坦白來說，擔任基金經理人這麼長一段時間，我對於製藥

和生技的興趣並不大。所以就算加來道雄那麼說，我也只是當作吸收了一個很好的知識，沒有聯想到應該要學習製藥、生技並為投資做好準備。

之前，製藥生技產業在股票市場充其量只占 1％左右；以經營基金的角度來說，少花一點力氣也完全不會有影響。如果很在意製藥產業指數上漲，就將製藥產業中具代表性的公司，如韓國製藥公司柳韓洋行和韓美藥品等加入投資組合，然後專注在其他產業，這樣管理基金更有效率，分析方法也跟一般製造業差異不大。

打個比方來說，只要計算柳韓洋行或韓美藥品現有藥品商品和新發行藥品的銷售預估值、扣除製造及銷售管理費後的營業利潤和當期利潤、EPS（Earning Per Share，每股盈餘）、PER（Price Earning Ratio，本益比）的倍數，然後考慮股市情況和過去價值帶（valuation band，市場價值評估水準），增加或減少持股比例，就不會有什麼大問題。

但是從 2018 年開始，趨勢發生了變化。我開始無法理解報紙上刊登的生技產業專欄內容，那時我想大概是那則專欄太專業了，但隨著時間過去，我看不懂的生技用語越來越多，讓我逐漸感到焦躁不安，甚至覺得很丟臉——一個資深股票基金經理人，竟無法理解一個產業的相關報導？

再加上，**許多初次耳聞的生技公司不斷成長，現在更頻繁被提及的不是製藥，而是生技，市價總額占比已經增加到無法忽視的程度。**到底製藥生技產業正在發生什麼事？我心想，該

產業的規模已經大到無法忽視，如果我還無法掌握其脈動，就可能被市場淘汰。

剛好在 2018 年 10 月，我收到任職於美國大型製藥廠（big pharma，製藥、生物醫藥相關年銷售額超過 150 億美元〔按：全書美元兌新臺幣之匯率，皆以臺灣銀行在 2023 年 7 月公告之均價 30.4 元為準，約新臺幣 4,560 億元〕的企業）的博士來信。信中提到，美國基因與細胞療法（gene and cell therapy，簡稱 GCT）產業急速成長，許多相關的新創公司紛紛出現。雖然很難確切掌握正在發生什麼事，但我的直覺明確告訴我，這個產業正在創新。

我認為，要確實了解產業的關鍵為何，才能把握投資機會，於是我趕緊找出與製藥生技相關的書籍和資料，這樣子努力奮鬥了一年後，我終於可以在腦中依稀描繪出生技創新的樣貌了。

製藥生技的學習範圍非常廣，技術也非常多元，沒有相關背景知識很難輕易入門。儘管有些內容對本科系的人來說非常基礎，但對於非本科系的人來說，那就像是一道無法翻越的高牆。不過，我相信學問這檔事，只要多看就能熟悉，只要熟悉就能理解，並一點一滴的慢慢摸透。我帶著這樣的想法努力不懈的學習生物工程，閱讀分子生物學、基因工程學、生理學、藥理學、生物化學、新藥臨床、臨床統計學相關書籍，反覆讀了兩、三次後，才逐漸看見生技產業的創新。

生技業原有的技術基礎 —— PCR（Polymerase Chain

Reaction，聚合酶連鎖反應）、重組 DNA 技術，以及因發展緩慢而遇到研發困難的 DNA 定序，已經被 NGS（Next Generation Sequencing，次世代定序）超越，而且還有新問世的概念技術，也就是 CRISPR-Cas9（基因編輯技術），使得生技產業出現爆發性的成長。

在治療癌症和罕見疾病的基因療法和細胞療法的領域，臨床管線數量以前所未有的速度成長；不僅如此，上述的核心基礎技術都在不斷進步，因此，投資人自然開始好奇：「生技創新會不會持續長期成長？」

不過，光是憑著對長期成長的茫然期待，很難克服近期金融市場的高通膨和變動，進而獲得預期的投資成果。應該要先清楚理解引導生技創新的核心動能，具備理解生技脈動、分析公司的必備知識，才是理解生技長期成長的正確方法，也是正面突破高通膨環境的方式。

第一章

生技創新
四大核心技術

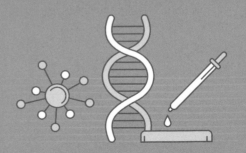

1 即將進入 10 年成長期

「近年來公司數量迅速增加的生技產業，今後能否持續成長？」這是我們應該先點出的問題。尤其最近持續量化寬鬆，增加了大眾對通膨的隱憂，而生技產業又對利率極為敏感，這是非常重要的議題。

另外，如果只將生技的創新簡化為短時間的變動，認為2019 年至 2020 年生技產業的成長尚未到達生技創新的層次，僅僅是因新冠病毒問題而暫時成長，之後 Omicron（按：新冠病毒變異株）趨於穩定後又會再次調整，這樣的預估很有可能會釀成大錯。因此，關於這個主題，我會在本書中仔細討論。

如果生技產業在沒有創新的情況下與通膨正面交鋒，很難出現近期的上漲趨勢。若觀察目前國內、外生技公司的現金流，會發現大部分都是在資本市場獲得資金，作為臨床研究經費，使得公司沒有銷售額，每年都持續虧損。

無法創造營業現金流、只能依靠外部資金的公司，在通膨發生時根本不堪一擊。

因此，從現金流的角度來看，生技公司會因通膨而受到最

嚴重的打擊。若投資人認為這是單一事件引起的股價上漲，那麼，在現在這個通膨隱憂長期存在的金融環境中，就只能收回本金。

因此，了解生技公司出現了什麼樣的創新，將是投資人往後極為重要的功課，決定了散戶投資生技股的長期方向。

韓國

我們可以先檢視韓國生技產業的成長、占產業整體的比重，以及長期成長的展望。

目前能檢視韓國生技產業成長程度的良好指標，就是 IPO（Initial Public Offering，首次公開募股）現況。如圖表 1-1 所示，2019 年 IPO 的公司中，生技占了 24％；2020 年是 28％，4 個項目中就有一個是生技。如果還記得之前製藥產業占整體股市的 1％ 左右，就能理解這是非常值得注目的成長。大家之所以會異口同聲的說，生技將會接續汽車和半導體，成

圖表 1-1　韓國生技公司 IPO 現況

2019 年
IPO 的 75 個項目中
生技有 18 個
占 24％

2020 年
IPO 的 75 個項目中
生技有 21 個
占 28％

為下一個韓國能賴以維生的未來環保成長產業，最大的原因就是生技公司在近幾年不斷呈現最高的成長趨勢。

從美國興起的生技產業創新也正影響著韓國，這點無法否認。可能會有些人說，這只會有幾年的榮景而已，就像 1990 年代後期創投熱潮那樣，僅止於短期。只要是經歷過創投熱潮的人都很清楚，不切實際的創業熱潮只不過是一場空，無法獲得好結果。

因此，就算現在短期內呈現出很高的成長可能性，還是需要檢視新的創投基金現況，來確信這樣的趨勢依然能持續到中期。以 2019 年來說，整體創投金額為 4.2 兆韓元（按：全書韓元兌新臺幣之匯率，皆以臺灣銀行在 2023 年 7 月公告之均價 0.02 元為準，約新臺幣 840 億元），其中生技占了 25.8%，跟其他產業相比，這個比例是最高的。這樣的高投資比例在 2016 年後穩定維持。創業投資資金持續集中在新創公司，就代表其中有競爭力的公司將在往後幾年內成長為生技公司，讓生技公司在整體產業的比例拉到最高。透過這點可以確認，生技產業還是有長期成長的可能性。

我相當意外，創投界從 2016 年到 2021 年都不斷將火力集中在投資生技產業上，維持在最高的比例。錢的流向真是又快又精準，就像水從高處往低處流時，一定會精準的流到最需要的地方一樣，韓國創投界也是同理，在精準掌握美國生技產業的創新密碼後，快速進入初期投資，這些公司早一步獲得資金後，經過 IPO，在近 3 年內紛紛投入股票市場。

圖表 1-2　新興創業基金投資現況

領域	2016 年金額（億韓元）	比例（%）	2017 年金額（億韓元）	比例（%）	2018 年金額（億韓元）	比例（%）	2019 年金額（億韓元）	比例（%）
ICT* 製造	959	4.4	1,566	6.6	1,489	4.3	1,493	3.5
ICT 服務	4,062	18.8	5,159	21.6	7,468	21.8	10,446	24.4
機電裝備	2,125	9.9	2,407	10.2	2,990	8.7	2,036	4.8
化學和材料	1,502	7.0	1,270	5.3	1,351	3.9	1,211	2.8
生技醫療	4,686	21.8	3,788	16.0	8,417	24.6	11,033	25.8
影視	2,678	12.5	2,874	12.0	3,321	9.7	3,703	8.7
遊戲	1,427	6.6	1,269	5.4	1,411	4.1	11,92	2.8
物流服務	2,494	11.6	4,187	17.6	5,726	16.7	8,145	19.0
合計	21,503	-	23,803	-	34, 249	-	42,777	-

來源：韓國創業投資協會及中小企業創業投資公司電子揭露系統。

＊資訊與通信科技（Information and Communication Technology）。

美國生技產業現況

那麼，我們就來了解生技創新的發源地、占有全世界製藥生技產業 40％以上的美國。

從下頁圖表 1-3，能一眼看出美國生技產業現況。

圖表 1-3　創新療法的批准與股價

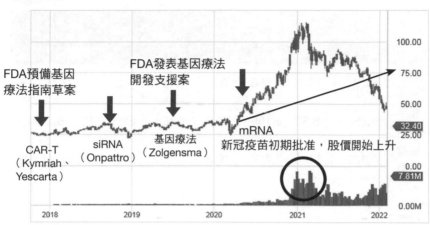

來源：ETF Database。

　　這是方舟投資（Ark Invest）的 ETF——ARKG（ARK Genomic Revolution ETF）的走勢圖，在該圖中可以發現，2020 年起股價急速上升，尤其交易量在 2020 年年末開始急速增加，並在 2021 年初達到高峰。

　　到底是什麼樣創新的基礎技術，能帶領股價這樣上升？當然，也是許多科學家研究的成果造就出今日的生技產業，但如果要選出引領近期生技創新最直接原因的基礎技術，可列舉以下四種：① 重組 DNA 技術、② NGS、③ PCR、④ CRISPR-Cas9。第一次聽到多少會覺得這些技術很困難，但只要讀完這本書，就能輕鬆理解。這些是很重要的內容，我會先簡略介紹各技術的基本概念。

　　第一、重組 DNA 技術，這個技術是將兩種 DNA 連結起

來，生產出我們需要的蛋白質。

第二、NGS 是分析人類體內細胞中 32 億個核酸序列，也就是說，這個技術能撰寫我們身上擁有的基因地圖，呈現出我們會擁有什麼樣的特性。

第三、PCR 是將一個 DNA 在短時間內以等比級數增加的技術。

最後第四、2020 年獲得諾貝爾化學獎的 CRISPR-Cas9，這是能精準剪斷（編輯）核酸序列、找出疾病成因的技術。

其中，散戶最需要注意的是 NGS 和 CRISPR-Cas9，因為這兩項技術在 2010 年之後達到實用化階段，也是帶領這次生技產業成長的主要原動力。此外，也因為各種研發工具的加入，如 RNA（Ribonucleic Acid，核糖核酸）技術和光學顯微鏡的發明等，更加速了生技產業的成長。

自 2021 年起，AI（Artificial Intelligence，人工智慧）正式進入生技產業，可以期待蛋白質新藥的開發再次迎來創新。

管理顧問公司普華永道（PwC）曾向其顧問對象進行一份問卷調查，調查各產業中使用 AI 的程度，其中健康照護

圖表 1-4　生技創新的四大核心技術

重組 DNA 技術	NGS	PCR	CRISPR-Cas9
1958年	1977年	1993年	2020年

（Health Care）領域最常使用 AI。仔細想想，這是個很合理的結果，因為健康照護領域的目標很明確，只要解決那個目標，就能發展出最具市場潛力的新藥。

在研發蛋白質的過程中，他們積極使用 AI 預測胺基酸連結結構「肽」（peptide）的三維蛋白質折疊構造，這就是一個很好的案例。我判斷，得益於這些周邊基礎技術的蓬勃發展，生技產業進入了長期高成長區間。

任何有價值的事物都需要時間趨於成熟。舉例來說，通常孟宗竹 5 年長不到 1 公分，但只要時機一到，就會在 6 週內長 30 公分，原因是要在長時間中忍耐，等待根部往下延伸到 4 公里長，然後透過巨大的根在短時間內吸取水分和養分，達到爆發性的成長；能經歷這些痛苦的孟宗竹，會被視為最棒的竹子。而我覺得最近的生技產業跟孟宗竹非常相似。

等到具備生技產業的背景知識後，再回頭看 2017 年起陸續開發的 CAR-T（Chimeric Antigen Receptor T Cell，嵌合抗原受體 T 細胞）血癌療法、siRNA（小干擾核糖核酸）Onpattro 的蛋白質干擾療法、mRNA（信使核糖核酸）新冠病毒疫苗，就不再覺得陌生。它們都為了成長，而度過充分的熟成時間。

現在我們再把目光轉到已經開發的革命性藥物上，2017 年出現 CAR-T 血癌療法，2018 年出現 siRNA 藥物 Onpattro，還有 2020 年莫德納（Moderna）和輝瑞（Pfizer）的 mRNA 疫苗立了大功，保護全世界免於感染的威脅。

　　我認為，RNA 的技術比其他生物技術能運用的範圍更廣，能持續製造出革命性的新藥。所以當我籌備私募基金，準備全力投資在那斯達克（NASDAQ）生物技術指數上時，只要一有機會都會向證券公司的人推薦，或是跟身邊好友說明 siRNA 和 mRNA 的成長可能性。

　　儘管如此，幾乎沒什麼人對 RNA 感興趣。正當我覺得再說明也沒用，不再提到 RNA 時，沒過多久，新冠病毒就出現了。現在，大家都會自然而然的談到 mRNA 或莫德納的股價。這麼看來，生技創新真的在很短的時間內，以非常強烈的方式證明了自身的存在。我們是否正確了解 RNA 究竟為何，根本不重要，最要緊的是，現在已經是全世界都開始了解生技創新的時代。

　　本書會仔細解釋何謂生物技術。前面已經簡單說明過，CAR-T 療法會抽取病患的血液，重組基因來提升血液中免疫細胞「T 細胞」的攻擊力後，再次注入病患的體內；只要理解成強化特定免疫力的免疫細胞療法，就能容易理解。人體由細胞構成，而在細胞中有執行各種功能的蛋白質，其中若有畸形蛋白質，或是因製造太多而形成疾病，就會利用 siRNA 的技術來抑制這些蛋白質。

　　mRNA 療法正好相反，當體內無法製造身體需要的蛋白質時，便將生產蛋白質的「食譜」mRNA 放進人體內，讓細胞的胞器「核糖體」生產蛋白質。以新冠病毒為例，人體內並沒有生產能打倒新冠病毒的士兵——抗體蛋白質，因為這是人類歷

史上第一次接觸到這種病毒，從來沒有形成能對付此病毒的抗體過。

於是，只要注入能製造新冠病毒部分特徵（棘蛋白）的 mRNA 疫苗，就能轉譯 mRNA，生產出棘蛋白，讓免疫系統 B 細胞製造出與之對抗的抗體蛋白質；之後如果感染了新冠病毒，就能產生中和抗體，阻擋病毒侵入細胞內。

近幾年間生技產業出現技術創新，是因為研發所需的基礎技術產生了創新，也是因為 FDA 積極支援基因與細胞療法，才有可能發生。對抗新冠病毒的 mRNA 疫苗能在如此短暫的時間內就研發出來，也要感謝之前累積的核心生物技術與 FDA 的積極支援。

我們還要記得一件事，就是 FDA 培育基因與細胞療法產業的決心。生技關乎性命存亡，是受到嚴格管制的產業，其安全性非常重要，所以需要經過許多階段、通過艱難的臨床試驗，各階段須耗費的金錢也等同天文數字，近期從開發新藥的階段到獲得新藥批准，估計要花上兩億韓元；時間上也不容小覷，平均要超過 10 年。簡單來說，這是一趟不輕鬆的路程。

然而，基因與細胞療法以癌症、遺傳疾病等罕見疾病為目標，尤其遺傳疾病的患者壽命並不長，所以快速開發藥物的要求比其他疾病更為迫切。罕見疾病難以用既有的方式處理，但基因與細胞療法展現出能開發罕見疾病藥物的可能性，因此 FDA 也簡化流程，加速開發及審查程序，積極支援公司研發。為此，他們也增加了能審查基因與細胞療法的專業審查人力。

　　放寬對產業的限制、轉換成對企業友善的方向，對產業的影響非常巨大。治療罕見疾病的藥物完成臨床二期後，若臨床結果值達到主要療效指標，FDA 就會先批准新藥，之後再確認追加數據。制度放寬後，**近幾年間，治療癌症與遺傳疾病等罕見疾病的生技公司臨床管線，就出現急速上升的趨勢。**

　　FDA 前局長史考特・考特里布（Scott Gottlieb）在 2018 年北美生物科技產業展（BIO International Convention）上說，正如鐮狀細胞性貧血類型疾病將在 10 年內發現治療方法，隨著基因療法的商用化，FDA 也需要以不同以往的方式處理（取自《首爾經濟》，2018 年 6 月 10 日）。

　　我認為，得力於基礎技術的創新與美國管理當局的積極支援，**生技產業將進入超過 10 年的長期成長區間。**基因與細胞療法技術會在開發癌症或罕見疾病的藥物上展現卓越的成效，尤其是 RNA、DNA 等核酸療法技術及免疫細胞技術，將高度上升超過 40%，帶領生技產業的成長。

2 生技領域經常是兩家獨占

　　在正式學習各種生物技術、基礎技術，以及為了理解那些技術而學習基礎的生物工程知識之前，我想先點出投資人對於投資生技股的擔憂。

　　我就直說好了，那些自稱投資股票很久的人常常說，生技股就跟賭博沒兩樣，很有詐欺的感覺，因為不少人曾被韓國生技公司 SillaJen 背叛過。當時，SillaJen 在臨床 2b 時失敗（按：請參考第 65 頁），卻勉強進入臨床三期，造成損失加劇，面臨下市危機，在長期相信、苦苦等待的投資人心中，留下一道無法彌補的傷口。

　　不過，雖然韓國股市在 SillaJen 的混亂中惶惶不安，相反的，美國生技股卻暴漲。以創新技術為基礎的細胞療法與基因療法終於獲得認可，成為治療罕見疾病的方法，許多臨床管線如雨後春筍般出現，基因與細胞療法相關股票也因此暴漲。

　　伴隨著美國生技市場這樣的脈動，我們除了要積極投資那斯達克生物技術指數之外，還要將資本擴展到有望開發基因與細胞療法的生技公司，或雙特異性抗體（按：BsAb，指利用基

因工程方法製造的重組抗體）等具有國際競爭力的股票上。

　　然而，韓國的氛圍卻完全不是這樣。當時我建立了專門投資那斯達克生物技術指數的私募基金，走遍聚集了韓國最具影響力證券公司的江南中心，舉辦說明會，但當時氣氛卻因 SillaJen 而變得非常低迷，比起聽我說話，應付情緒激烈的顧客才是他們的當務之急。

　　儘管我說明的生技公司跟 SillaJen 沒有關係，但因為提到了生技公司，我就被當成跟 SillaJen 同夥的人，還被問了很多讓我難以回答的問題。與其說是宣傳私募基金遇到困難，錯過這個千載難逢的投資機會，更是讓我久久無法消氣。

　　此外，SillaJen 並沒有單純以面臨下市危機而告終，除了帶給韓國散戶莫大的金錢損失之外，還絆住投資人的腳踝，無法參與生物基礎技術創新所帶來的爆發性成長，直到現在生技股依然無法擺脫詐欺、賭博的形象。

　　如果認為生技股等同在賭博，當然不可能認真研究生技公司，所以我才想在進入正題之前先點出這點。我們為什麼要對生技公司的屬性具備基本知識？是否需要學習基礎知識來理解生技創新的核心？這些都是跟投資密切相關的重要議題。只要先熟知商品的內容和風險再予以管理，就是好的投資，反之則會變成賭博。

　　現在，我們來了解一下生技公司的屬性。當然，理解技術很困難，為了要理解三星電子的半導體，可以在腦中把奈米想像成在狹窄的紙面上，用鉛筆密集的畫出不會交集的迴路，但

生物技術卻很難這樣想像，為什麼？這並不是因為半導體技術很簡單、生物技術很困難，而是我們對細胞構造和組成分子的運作系統缺乏基本知識。

再加上，生技產業還有臨床試驗這個獨特的新藥開發階段，要另外學習各臨床階段的特性、解讀臨床結果。大多數生技公司的特性是沒有銷售額和利潤，現金流仰賴資金募集，所以難以評斷價值，讓人容易忽略新藥開發的臨床階段及各階段的成功率，只是碰運氣似的賭一把。因此我才說，投資生技股是需要學習的。

簡單來說，生技股的內容比其他標的更難理解，也很難掌握風險。此外，要先記住，投資生技股並不像其他製造業那樣適用於分析模型，所以分析公司的財務報表能得到的資訊很有限。身為散戶，必須認清生技公司天生就具有這樣的屬性，所以想克服這樣的屬性並信賴市場，必須格外花心思研究。

我想強調的是，儘管有這樣的風險因子，但只要擁有分析公司所需的先備知識，生技股也能成為好的投資標的。冒著狂風巨浪、堅持航向茫茫大海，就是為了捕獲無法在近海看到的大魚；同樣的，投資生技股也是因為生技產業的成長可能性比其他產業更高，此外，只要具備分析生技公司的基本功，就能創造出比其他標的更高的長期收益率。

在生技的領域，具備一定資格的公司就能獨占市場；在一般的製造業裡，就算不是第一名，還是能因為具備各種賣點而在市場中競爭並生存，兩者差別甚大。正因為這樣的特性，其

他產業是好幾間公司平分利潤，生技領域卻是由一至兩間公司獨占，**沒有具備一定資格的公司則會被淘汰，涇渭分明，股價也完全反映出這點。**

　　用輝瑞和莫德納來想就容易理解，他們開發新冠病毒疫苗後賺取形同天文數字的報酬。以莫德納來說，mRNA 疫苗進入臨床二期時，它還是生技公司，卻在短短的兩年內達到數百兆韓元的銷售額，擁有超過 30 個臨床管線，成為名副其實的生物製藥（Biopharma）公司，鞏固其領先地位。新冠病毒疫苗當時就是在拚速度，因為他們比競爭對手早一步開發出來，跟輝瑞平分龐大的市場，這就是展現生技產業贏家全拿之特性的最佳實例。

　　本書收錄投資生技股所需的基本知識，包括為了做出正確的投資、克服上述生技公司潛在風險而該具備的相關知識，以及生物技術及全球品牌的基礎知識。跟著這本書，打下投資生技股需要的扎實基本功，避免落入毫無根據的新藥故事圈套，並在即將開始的巨大生技產業長期成長區間，獲得卓越的投資成果。

3 重組 DNA、NGS、PCR、基因剪刀

　　單憑四項技術來說明近期生技創新所帶來的成果，固然不夠充分，因為過去的發展並不是在一時半刻達成的，而是仰賴長久累積的研究成果和技術。儘管如此，讓創新的新藥得以開發、生技公司臨床管線得以爆發性擴張，這四大核心技術依然貢獻良多。所以，現在我要仔細說明這四大技術究竟為何。

　　想分析生技公司及他們正在研發的技術，就一定要理解四大核心技術的機制。這些技術並非獨立分開，彼此間反而緊密連結，想理解其中一項技術，就必須具備其餘三項技術的知識。因此，當這些技術全部達到實用化的階段時，就興起了生技創新。

　　四大生技創新核心技術分別是：① 重組 DNA 技術、② NGS、③ PCR、④ CRISPR-Cas9。從現在起，我們就來仔細了解這些技術：

1. 重組 DNA 技術

　　1958 年，美國分子生物學家約書亞‧雷德伯格（Joshua

Lederberg）發現了細菌會互相交換基因物質的現象，因為這項功績，他在 33 歲獲得諾貝爾生理學或醫學獎，之後便留下重組 DNA 技術相關的研究基業。

重組基因的 DNA 技術是連接兩個生物體 DNA 的技術，以重組大腸菌跟人類 DNA 為例，大腸菌是原核生物，細胞內沒有細胞核，只有細胞質，細胞質裡有染色體和小的圓形環狀質體（plasmid）。

利用 PCR 擴增人類基因的 DNA 後，使用限制酶選殖到細菌的質體，再把圓形質體轉化入大腸桿菌細胞內，就能完成前端的大工程。

圖表 1-5　重組 DNA 技術運作原理

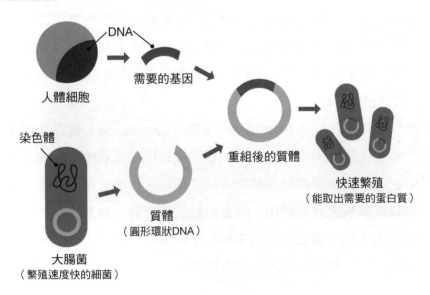

　　不僅如此，從很久以前就相當活躍的開放式創新（open innovation，生技製藥公司間的技術合作），加速了技術的進步。研究限制酶的美國科學家赫伯特‧博耶（Herbert W. Boyer）與研究細菌質體的美國生物化學家斯坦利‧科恩（Stanley Cohen），認為若將兩人的研究結果結合起來，就能創造出世界上從未有過的產物，而正是感謝他們的共同研究，才得以開發出劃時代的療法——結合不同 DNA 來製造胰島素，這可被視為開放式創新威力的絕佳案例。

　　由於大腸菌繁殖能力很強，能在短時間內以極快的速度生產人工形質轉換的重組質體選殖（以遺傳方式生產出同樣的細胞群）；這些細胞分裂後會製成人體 DNA，經過中間 mRNA 的過程，就能生產出蛋白質藥物，再使用樹脂（resin）進行萃取蛋白質的精製純化過程，便能作為藥品販售給病患。

　　目前我們所知的大部分標靶治療，也就是蛋白質藥物，都是經過類似上述的製程而產生，其特色是精巧的基因片段和複雜的生產製程。

　　全球第一間生技公司基因泰克（Genentech）就是利用基因重組技術，生產出全球第一個治療糖尿病患者的胰島素。在那之前的胰島素都是從豬的腎臟中萃取，生產量相對有限。**現在糖尿病病患逐漸增加，測量血糖的感測器、胰島素幫浦等相關市場也隨之擴張**。重組 DNA 技術讓危害性命的致命疾病改變成可控的疾病，守護人類的健康。

2. NGS

為了理解 NGS 的概念，我們需要先大致了解 DNA 的結構。人體由許多細胞組成，全都擁有同樣的 DNA。DNA 位於遺傳自父母的 46 個染色體中，而這 46 個染色體由 30 億個核酸組成。

世上每個人都長得不一樣，30 億個核酸的順序也不會完全相同，而這些順序塑成了每個人的差異，遺傳病的病因更是如此，所以為了搭配個別狀況治療，一定需要這些 DNA 資訊。

最近**醫生為癌症病患開立免疫藥物時**，就算擁有相同適應症（預期藥物能治療的疾病）的病患，也不會都開立同樣的藥物，而是**會根據生物標記**（biomarker，能察覺體內變化的指標）**的有無來對症下藥**，這時，正是**使用 NGS 來確認生物標記的存在**。

圖表 1-6　**NGS 技術運作原理**

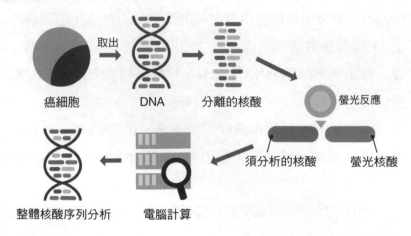

癌細胞　　　DNA　　　分離的核酸　　　　螢光反應

整體核酸序列分析　　電腦計算　　　須分析的核酸　　螢光核酸

首先，拿到病患的癌細胞組織樣本後，只取出細胞內的DNA；把取出的DNA放入次世代核酸定序儀前，剪成小段後進行定序反應，再比對已知的參考基因序列；基因序列會跟擁有同樣序列的片段排序在一起，電腦分析排序結果後，就能獲得有關個體變異（個人核酸差異）的資訊。

治療癌症的過程中，會開立許多標靶治療藥物，但這個治療方法的前提是，假設NGS能如上面所述，適時進行個人核酸序列分析。簡單來說，即使標靶治療能治療特定癌症，也很難能作用於患有該癌症的所有病患。以肺癌為例，藥物僅限於特定DNA突變的病患，所以每個病患都要依據NGS搭配單核苷酸多型性（Single Nucleotide Polymorphism，簡稱SNP，為DNA序列中的單一鹼基對〔base pair〕變異）來診斷，才能使用正確的藥物。

以這種方式決定DNA核酸定序的概念，其實從很久以前就已經建立了。英國生物化學家弗雷德里克・桑格（Frederick Sanger）開發出分析蛋白質胺基酸序列的方法後，發現胰島素由51種胺基酸構成，因此在1958年獲得諾貝爾化學獎。之後，他研究出解讀DNA和RNA核酸序列的方法，二度獲得諾貝爾化學獎。

NGS的技術已經準備好了，後來，在2003年，此技術被應用於人類基因體計畫（利用NGS解讀人類32億個核酸序列）上。

其中，真正的問題在於時間和費用。解讀一個人的基因體

得花費 13 年的時間和 30 億美元，規模形同國家計畫，因此實際上研究機關不可能以開發藥物為目的執行。不過，2010 年後，在 NGS 的幫助之下，科學家發現基因的功能取決於基因序列的變化，NGS 的出現不僅大幅降低研究學者的時間和經費，還讓先前人們不敢投入的各種計畫得以執行，為革命性產物的誕生貢獻良多。

這些研究成果還延伸到其他研究構想，除了分析人類的基因之外，還能分析微生物基因體（microbiome），成為整個生技產業創新的原動力。

2010 年之後，以癌症和罕見遺傳疾病為適應症的基因與細胞療法，開發速度正式加快，現今仍在進行中，而 NGS 就是證明生技創新將會源源不絕的強大證據。

3. PCR

我們因新冠病毒而逐漸熟悉的其中一個詞彙，就是 PCR。簡單來說，PCR 就是將少數特定的 DNA 片段，在短時間內大量增加的技術，而新冠病毒的篩檢過程就是這樣完成的（按：PCR 除了能擴增 DNA，也能用於醫學檢驗）。檢測新冠病毒時，會用棉花棒取出鼻子和喉嚨的 DNA，為了讓新冠病毒的基因大量增加，會放入病毒複製 DNA 所需的材料，也就是酵素或核苷酸（Nucleotide，DNA 組成單位）等，觸發聚合反應，待增加後就能判斷反應是否為陽性。

說得更仔細一點，就是將檢體加熱後，使雙股 DNA 分離

圖表 1-7　PCR 技術運作原理

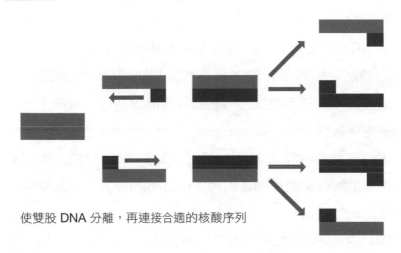

使雙股 DNA 分離，再連接合適的核酸序列

（denaturation，變性），然後慢慢降低溫度（annealing，退火），讓設計過的引子DNA（能在 DNA 複製時作為基準點）接在每股 DNA 的 3'（讀作 3 prime，核苷酸上第三個碳）上，當引子在每個 3' 設定基準點後，就會參考新冠病毒的 DNA，以互補的方式連接合適的核酸序列（extension，延伸）。

　　包括新完成的 DNA 在內，所有 DNA 經過複製過程後，都會在短時間內大量擴增，以此判定是否呈陽性（按：實際驗測病毒的過程更為複雜，此為極簡化的解釋，僅供參考）。

　　在 PCR 開發初期，加熱時一併加入的 DNA 聚合酶會發生變性，所以得在複製時加入新的聚合酶，這點很不方便。但是後來從能承受海底火山高溫的微生物身上發現聚合酶之後，就省下了龐大的時間和費用。

此外，PCR 技術在犯罪現場也很有用，只要以 PCR 擴增犯人留下的少量 DNA，就有很高的機率能鎖定犯人。

4. CRISPR-Cas9

2020 年，法國微生物學家兼遺傳學家埃馬紐埃爾・夏彭蒂耶（Emmanuelle Charpentier）與美國生物學家珍妮佛・道納（Jennifer Doudna），以一個名揚四海的技術獲得諾貝爾化學獎。CRISPR-Cas9 是第三代基因剪刀，以蛋白質和 gRNA（guide RNA，又稱嚮導 RNA）構成，能剪掉細胞核中目標 DNA 的雙股。

說得具體一點，CRISPR-Cas9 的 Cas9 蛋白質會接近目標基因，而目標基因的 PAM 序列（Protospacer Adjacent Motif，原始間隔基相鄰基序）扮演告示牌的角色，待 Cas9 固定後便分離雙股 DNA。接著，gRNA 會讓自己的核酸序列與目標 DNA 互補結合，確認目標正確後，就會剪斷雙股 DNA，使該基因無法發揮作用。由分子組成的化學結合體，怎麼能帶著明確的目的、有秩序的移動？其精細程度十分令人吃驚。

簡單來說，**若說 NGS 是能準確看到獵物所在地的望遠鏡，那麼 CRISPR-Cas9 就是槍**；透過 NGS 確認是哪個基因的哪個部位變異後，就可以用 CRISPR-Cas9 剪斷目標。雖然目前正在進行剪斷基因的臨床試驗，但其實此技術甚至可以編輯出我們想要的基因。

CRISPR-Cas9 不僅能用來開發藥物，目前還積極用於製作

圖表 1-8　CRISPR-Cas9 技術運作原理

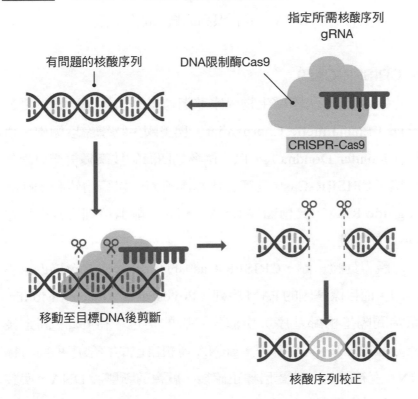

多種機能性植物等食品產業上。日本正在研究以 CRISPR-Cas9
去除魚類體內特定基因，藉此增加魚類肌肉量的技術，這是基
因剪刀可用於確保未來糧食的範例之一。另外，此技術除了能
準確找到基因的特定目標並執行切割，Cas9 也被應用在開發
藥劑等多種領域上。

　　到目前為止，我們了解了生技創新原動力四大核心技術。
其中特別要記得的是 NGS 和 CRISPR-Cas9，這兩個技術在
2010 年後發展成實用化技術，2017 年起成為開發基因與細胞

療法的直接原動力。另外，也要明白，除了這些核心技術的實用化之外，各種新創生技公司和國際大型製藥廠合作的開放式創新，也將成為該產業長期成長的動力。

如果只是認為生技產業像過去那樣漲漲跌跌，很有可能會犯下大錯。雖然創新過程有點緩慢，但核心技術和開放式創新打造出來的生態系統，今後將會進一步加強。另外，富含創意又懂得創新的新創公司將成為領頭羊，以新的點子突破新藥開發的技術瓶頸，市值總額可能進一步擴大。

正因如此，我們應該要提高對生技的理解程度，不斷檢視技術和企業動向，藉此掌握哪間公司正在使用最新的點子，這才是獲利的捷徑。

4 細胞就像圖書館，能找資料、也能影印

　　讀到這裡，你大概已經感受到生技產業的興盛了。那麼，現在就來了解一下，開發新藥時，究竟要如何應用生技創新技術吧！

　　3 年前，我身為非本科生，在學習生物技術的出發點上感到既害怕又茫然，不知道該從哪裡開始，而你現在應該跟當時的我沒什麼不同。我比任何人都更了解你的心情，所以想分享我親身闖蕩後所領悟的生技學習技巧。

　　想投資生技股，要從細胞開始學習，因為所有生物技術都包含在細胞中。從其他細胞獲得資訊後，細胞會將資訊傳送到內部，並依據資訊產出反應結果。大部分生技公司在做的事，都是在解決這個過程中會發生的問題，並集中在製造生技新藥上。所以，在學習生物技術時，細胞是最重要的課題。

　　在學習細胞的過程中，我們將會很常看到構成細胞的物質──蛋白質，對非本科生來說當然很難理解。不過在經過幾次嘗試後，我發現只要以正確的順序學習並複習，就能充分克服理解上的困難。

　　蛋白質是經過什麼過程而形成的？有什麼功能？為什麼會變形？會造成什麼問題？只要分成不同階段來學習這些環環相扣的問題，就能提升對生物構造的理解，也能看懂相關企業的技術，並自行分析企業價值。

　　那麼從現在起，我們來了解生技創新的核心——細胞。

細胞的基本構造

　　卵子和精子結合成一個細胞後，細胞數量會持續增加，分化成各種細胞，若要達到一般成人的樣態，要分化出數十兆個細胞。這全都是從一個細胞開始分化的，所以所有細胞都擁有同樣的構造。

　　如下頁圖表 1-9 所示，我們可以把人體細胞想成是籃球裡有一顆棒球。籃球是細胞，棒球則是細胞核，籃球和棒球之間充滿了水，這個空間被稱為細胞質，而細胞之外也是水。

　　籃球和棒球的表面由磷脂組成，如其名，磷脂就是磷酸鹽和脂質；磷脂中長得像劣質火柴棒的雙腿則是脂質，也就是脂肪形成的疏水端（性質是討厭水），類似頭部、圓圓的部分是磷酸鹽的親水端（性質是喜歡水）。由於細胞外和細胞內都是水，所以從水的方向看過去，都是親水的磷酸鹽。

　　細胞的表層由兩層油膜包覆。由於細胞內外都是水，所以需要界線區分，而油水不相容，最適合作為分開水的牆壁。

　　這樣的油膜以磷脂構成的，但單憑一層磷脂無法建立結

圖表 1-9　細胞的結構

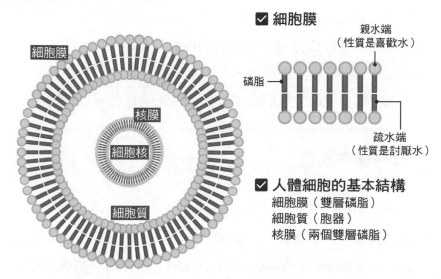

☑ 細胞膜

親水端
（性質是喜歡水）

磷脂

疏水端
（性質是討厭水）

☑ 人體細胞的基本結構
　細胞膜（雙層磷脂）
　細胞質（胞器）
　核膜（兩個雙層磷脂）

構，因此需要再包覆一層，用兩層來形成細胞的膜，這又稱為雙層磷脂。

　　接下來，我們來看看棒球的部分，也就是細胞核。細胞核裡有珍貴的染色體，因此細胞核必須很堅固。細胞膜是雙層磷脂，細胞核膜則是四層磷脂。只要想成是雙層磷脂折一半再包起來，就很容易理解。

　　既然已經充分了解了細胞的基本架構，現在就來看看組成細胞的胞器。這次我們從細胞核開始說明。

　　細胞核裡有染色體，人體的細胞核裡都有同樣的 23 對染色體。每對染色體都是從父母各得到一個而成為一對，如圖表 1-10 所示，最後的第 23 對是決定性別的性染色體，其餘則稱

圖表 1-10　**人類的染色體**

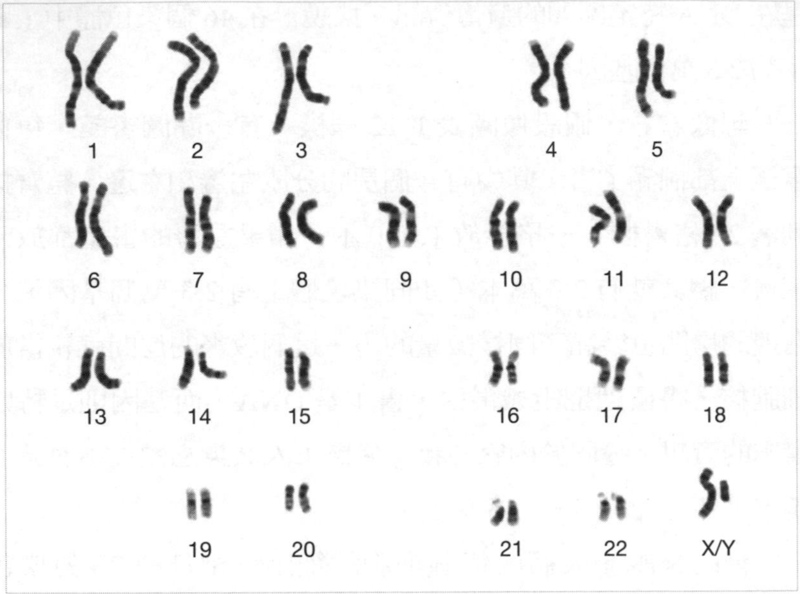

來源：國家人類基因體研究所（NHGRI）。

為常染色體。平常染色體就像絲線一樣散開，要進行細胞分裂時會聚在一起、形成線團，因為能被染色（按：易被鹼性染料染成深色），所以稱為染色體。在這 23 個染色體上，藏有名聲很響亮的基因。

如果從 23 對染色體中任選一個，用兩隻手拉開來，會發現實際長度頂多只有幾公分而已。仔細觀察被拉長的染色體，會看到長得像絲線的兩股繩子相互連接。這兩股繩子就稱為 DNA，而在 DNA 某個特定區間的遺傳資訊則被稱為基因。

至於染色體，指的則是 DNA 纏繞在一種名為組織蛋白的

蛋白質上的形態（可以想像成纏線纏得很失敗的模樣），基因是在 DNA 特定區間的遺傳資訊。據說，在 46 個染色體中，藏了約 2.3 萬個基因。

　　想像看看，假設像圖表 1-12 一樣，有一間圖書館，每個書櫃上都擺滿了書，其中有一個房間分成左邊和右邊，整齊排列著 23 格書櫃，一格能放 1,000 本。如果左邊的書櫃都放滿了書，總共就有 2.3 萬本（如同染色體上有 2.3 萬個基因），右邊的房間也裝滿了同樣數量的書。這個放書的房間就相當於細胞核，書櫃則是組織蛋白，書本是 DNA，而基因則是特定書本的資訊，等同於內容（按：實際上人類染色體大小相差甚遠，更像是大小不一的書櫃）。

　　總的來說，人體內每個細胞的細胞核中都有 23 對染色體，全部加起來實際長度約為 1.5 公尺；而染色體裡有 2.3 萬個基因（特定 DNA 區間內的遺傳資訊），這些基因能設計出細胞的主角——蛋白質。

　　也就是說，構成人體的許多細胞，為了維持生存所需的恆定性而執行各種機能，而執行這些機能的主角就是蛋白質；至於蛋白質的藍圖，則是基因。在後面，我會再仔細探討基因如何轉錄（複製）、轉譯（生產蛋白質）及折出三維結構。

DNA 結構

　　依照前面圖書館的比喻，DNA 就相當於書本。實際的書

圖表 1-11　**DNA 轉錄和蛋白質**

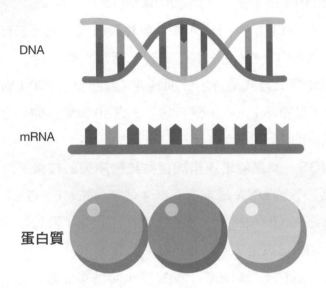

DNA

mRNA

蛋白質

圖表 1-12　**圖書館與基因**

書本是DNA（內容是基因）

書櫃是組織蛋白

細胞核內部

本是由幾百張紙構成的,大多為四方形,裡頭寫著密密麻麻的文字。那DNA這本書,又是怎麼構成的?

如圖表1-13所示,DNA由4個核酸構成,彼此都有規則且互補(A和T一對、G和C一對,稱為互補結合),核酸之間都以化學的方式結合,分別為A(腺嘌呤)、T(胸腺嘧啶)、G(鳥嘌呤)、C(胞嘧啶),這30億個核酸,會排列在每個細胞的46個染色體上。

而**NGS,就是能迅速辨認這些核酸序列的技術**。以書來比喻的話,等於DNA這本書寫著4個字:A、T、G、C,如果第1頁是A(腺嘌呤),那第2頁一定是T(胸腺嘧啶);同樣的,如果這頁是T,那下一頁一定是A。

此時,重點不是寫在書上的文字,而是文字的涵義。打個比方,想像一下,在圖書館(細胞核)內影印(轉錄)一本辣炒雞(基因)食譜(DNA),之後把影本(mRNA)帶回家(細胞質),在廚房(核糖體)用各種食材(胺基酸)做出(轉譯)辣炒雞(蛋白質)的過程。

圖表 1-13　DNA 核酸序列

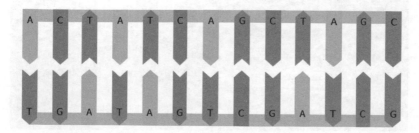

這裡提到的轉錄，也就是聚合 mRNA 的過程（等於連接好幾個，合成 mRNA 的目的就是要製造出蛋白質），會以類似影印書本的方法合成。複製書本的時候，會一頁一頁對齊後按下啟動鍵；就像這樣，轉錄 DNA 的過程是把雙股 DNA 打開，以互補的方式轉錄下面單股的核酸序列，聚合成 mRNA 的單股。

如果像圖表 1-14 那樣，將 DNA 單股核酸序列進行互補轉錄，就會形成連接單股核酸序列的形體，這稱為 mRNA（信使 RNA）。之所以會稱為信使，源自它的功能，因為它能將想要生產的蛋白質基因資訊，傳遞到蛋白質的生產工廠——核糖體之中。

不過，觀察 mRNA 的核酸序列會發現，有個部分跟 DNA 不一樣，A 的互補核酸應該是 T，但在 mRNA 上被替換成 U（尿嘧啶）。所以如果核酸序列中有 U，就可以知道那不是 DNA，而是 RNA。

到目前為止，我們已經看過細胞核中的染色體、DNA、基

圖表 1-14　將單股 DNA 轉錄為 mRNA

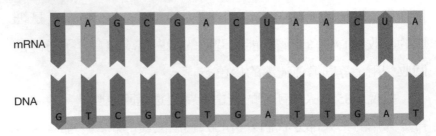

因、核酸、mRNA 轉錄等艱難概念，那就再回頭看看什麼是細胞質吧！所謂的細胞質，指的是細胞膜和細胞核之間的空間。

說到細胞質，最該先看的胞器是核糖體。剛剛學到，基因製造出自己的影本 mRNA 後，會送往核糖體，那麼核糖體就會轉譯 mRNA 提供的資訊，然後依序黏上胺基酸，生產出肽，製作好的肽會在粗糙內質網裡，酵素透過折疊而形成三維結構。

簡單來說，核糖體製作出的肽是像長絲線一樣的線形外觀，但在粗糙內質網裡經過折疊後，就能折疊成三維結構，擁有各種樣貌與功能。不過，有些蛋白質在這個階段還是很難稱為完美的蛋白質，得經過糖和脂質的修飾過程才算大功告成。

整理一下，從基因開始，到 mRNA、核糖體、內質網、高基氏體，這一連串的核酸和胞器，都是為了製造出細胞的工人，也就是蛋白質。萬一生產出來的蛋白質機能故障，該如何恢復正常？這就是所有製藥生技公司嘗試開發、想獲得批准的新藥，最著重的地方。

除此之外，還有很多胞器。線粒體會生產細胞的貨幣 ATP（三磷酸腺苷），這種蛋白質可以在細胞內所有代謝過程中發揮作用；溶酶體（lysosome）跟蛋白酶體（proteasome）是細胞的回收中心，負責將功能有問題的蛋白質或複合分子粉碎後回收利用，等同擔任清潔的角色。

據說，85% 人體所需的蛋白質都要透過回收製造，效率高得令人驚訝。大部分我們分析的公司所開發的新藥，都著重於

圖表 1-15　**核糖體、內質網、高基氏體的構造**

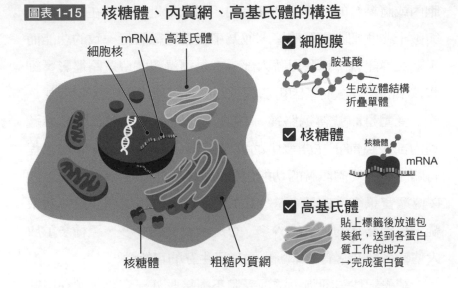

細胞核
mRNA　高基氏體

☑ **細胞膜**
胺基酸
生成立體結構
折疊單體

☑ **核糖體**
核糖體
mRNA

☑ **高基氏體**
貼上標籤後放進包
裝紙，送到各蛋白
質工作的地方
→完成蛋白質

核糖體　　　粗糙內質網

控制包括細胞核的胞器，或是掌控細胞的資訊傳遞系統裡，發揮特定作用的蛋白質。因此，我們更應該了解這些胞器。

蛋白質訊號傳遞路徑

　　為了維持個體的生命，細胞會不斷與其他細胞交換資訊，並在接受資訊後產生相對應的反應，維持動態穩定的網路。細胞會透過受體（receptor）接收很多資訊，外部的配位基，也就是訊號傳遞物質，會與受體結合，啟動訊號傳遞路徑。

　　那麼什麼是受體？簡而言之，受體就是蛋白質。

　　如下頁圖表 1-16 所示，受體會錨定在細胞的雙層磷脂上，功能是與來自外部的訊號傳遞物質結合，將資訊傳遞到細

胞內或將結合的物質吞到細胞內。細胞不是獨自存在的,而是與數十兆個細胞相互連接,並為了讓各組織履行一致的功能而不斷交換訊號。這些訊號大部分都是透過訊號傳遞路徑影響細胞核中的基因,而基因再依據該訊號,生產出蛋白質來回應。

受體是訊號傳遞路徑,接收來自細胞外部的訊號並傳遞到內部,目前正在開發中的許多新藥就跟這個訊號傳遞過程有關。傳遞受體訊號的功能也是由細胞內的蛋白質執行,A 向 B 傳遞資訊後,B 再傳達給 C;之所以會使用這種多重傳遞系統,是因為 B 的數量比 A 多,C 的數量又比 B 多,這種多重放大傳輸系統非常有效率,也增加了生存的可能性。

請先記住,細胞會透過受體不斷接收外部資訊,並利用細胞製造的物質(資訊)向其他細胞傳遞訊號,而其中我們要特別留意的,是將訊號傳遞到細胞內的系統。

圖表 1-16　蛋白質負責傳遞受體訊號

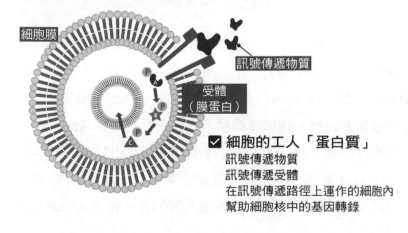

細胞膜　訊號傳遞物質　受體(膜蛋白)

☑ **細胞的工人「蛋白質」**
訊號傳遞物質
訊號傳遞受體
在訊號傳遞路徑上運作的細胞內
幫助細胞核中的基因轉錄

目前為止，我們看了細胞的結構、胞器的功能，以及細胞核中基因形成蛋白質的過程，也明白了生產出來的蛋白質有時是受體蛋白質，有時是訊號傳遞蛋白質，會在不同地方發揮自己被賦予的作用。這些蛋白質會親自執行各種功能，而 DNA 則是生產這種蛋白質的祕書，從這一點來看，蛋白質可說是細胞的主角。

新冠藥物打敗病毒的方式

那麼，現在就讓我們以目前所學的細胞相關內容，來觀察新冠病毒口服藥物倍拉維（Paxlovid，輝瑞出產）。當時倍拉維因良好的臨床數據，而獲得 FDA 的批准。

圖表 1-17　訊號傳遞路徑

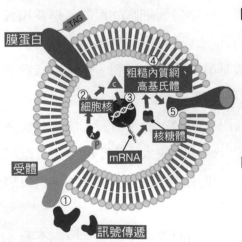

☑ **訊號傳遞路徑**
→受體（收取細胞外部訊號）
→細胞內部訊號傳遞蛋白質活化
→細胞核內部轉錄因子移動
→DNA 轉錄
→mRNA
→核糖體、內質網、高基氏體
→移動至蛋白質目的地

☑ **蛋白質種類**
受體等膜蛋白
細胞內部的蛋白質
細胞外部的蛋白質等
→成為細胞代謝的主角來執行功能

倍拉維是蛋白分解酵素抑制劑類藥物，能抑制病毒複製所需的特定酵素之活性。輝瑞說明，倍拉維會攻擊病毒複製時必須使用的部分，導致病原體無法對藥物產生抗藥性。

仔細思考看看，首先，新冠病毒進入我們的身體後，會試圖利用表面突起的部分侵入細胞內。新冠病毒的形態是，表面是蛋白質，裡面有 RNA 基因，為了滲透到細胞內，病毒會將表面棒狀突起的棘蛋白與我們細胞的 ACE2 受體結合，結合的同時會因為胞吞作用（按：物質無須穿越細胞膜，便能進入細胞內）而被拉入細胞內。

這時，抗體會先附著在棘蛋白上，使病毒無法與 ACE2 受體結合，從而阻止病毒侵入細胞內，這就是中和抗體。在這過程中，可以發現受體不僅能接收外部訊號傳遞到細胞內，還能擔任門戶，將外部物體拉進細胞內。

但是，倍拉維不是以抗體的形態發揮功能，而是先讓病毒侵入細胞，再妨礙複製過程。病毒侵入細胞的目的，是要複製出很多個自己，感染更多的細胞，同時轉移到其他宿主身上；而病毒試圖使用蛋白質或胺基酸等物質來複製，這樣的過程大致可分為複製 RNA 基因體和複製衣殼蛋白質。

為了重複製造出裝有自己基因的衣殼蛋白質，病毒會製造出長長的蛋白質，再根據設計圖切割成大大小小的蛋白質來組裝，完成自己的外殼，而倍拉維則會黏在鋸子上，讓蛋白質無法被切割，發揮抑制劑的作用。

想像一下，假設你想做出一個箱子，得先買一塊大木頭，

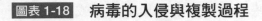

圖表 1-18　**病毒的入侵與複製過程**

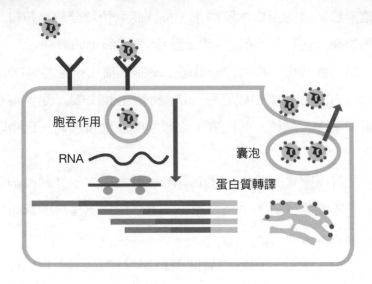

胞吞作用

RNA

囊泡

蛋白質轉譯

用鋸子切成各種大小的木塊之後，再進行組裝。但是，這時如果有人在鋸木頭的鋸子上纏了鐵絲，會發生什麼事？那就無法鋸木頭了，因此無法進行下一個工程，而倍拉維的原理也一樣，能抑制蛋白質分解的酵素。

　　長棍形態的蛋白質，是還無法發揮正常功能的前類蛋白（precursor protein），接觸到蛋白質分解酵素後，會立刻重生為蛋白質，而防止病毒複製的原理，就是在阻止這個過程發生。即使新冠病毒引起基因變異，還是必須潛入細胞內才能複製並增生，所以，倍拉維的開發目的就是要抑制這個過程中產生病毒所需的蛋白質，有效應對病毒的基因變異。

　　但是，病毒十分狡猾，經過變異之後，仍舊出現能迴避這

種機制的變種病毒，有些根本不使用前類蛋白，或者使用倍拉維無法結合的蛋白水解酵素，抑或能夠快速分解倍拉維。因此，製藥公司必須不斷研究出能對抗變異病毒的藥物。

到目前為止，我們大略看過了細胞結構、染色體、DNA、mRNA 和蛋白質的生成過程。這些細胞相關知識，是理解生物技術最基本、最核心的內容，之後說明多種技術時，仍會陸續提到。

要打下堅實的基礎，才能夠越爬越高，先學好關於細胞的知識，才能累積更多生技知識，一邊修剪自己獲得的資訊、一邊成長。

近期，生技公司致力於開發抗體藥物複合體（Antibody Drug Conjugate，簡稱 ADC）、雙特異性抗體、腦神經退化性疾病藥物、藥物傳遞載體、核酸療法、細胞療法等，這些技術

圖表 1-19　細胞與各種生物技術的關聯性

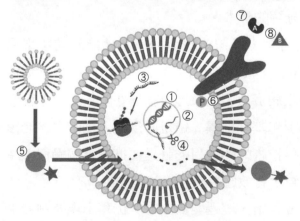

① CRISPR-Cas9
② RNA剪接
③ mRNA
④ siRNA
⑤ 細胞穿透
⑥ 抑制劑
⑦ 活性劑
⑧ 拮抗劑

可簡單被分成兩類：一類專門抑制細胞受體或膜蛋白，另一類則是在目標細胞中發現需要的蛋白質。

　　如果能在腦海中勾勒出細胞的明確形狀，那麼，即使面對第一次看到的公司，也能以不同於以往的觀點分析，問問自己：該公司的核心技術是以什麼細胞為治療對象？細胞的目標是什麼？是想要抑制還是要活化目標？將以什麼技術攻擊目標？與其他公司的差異是什麼？此外，也能從圖像中理解細胞中的生物技術。

第二章

產業必備知識

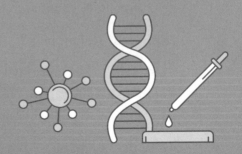

1 生技業和其他產業的不同處

　　為了發掘能長期成長的生技股，我們透過前面的內容提升自己的基礎生技知識理解力，現在，就來學習生技產業或公司擁有的不同屬性吧！

　　身為一個分析各種產業將近 30 年的專業投資人，我知道只要檢視哪些部分，就能看出一間公司的問題；尤其我強調過很多次，研究生技公司時，分析財務結構和現金流非常重要。

　　但是，我們很難找到分析生技公司現金流的方法，所以我會在檢視資金現況時，提供美國分析師所使用的方法。

　　前面提過，生技公司的資產負債表和損益表，跟一般製造業完全不同，成長方式、財務結構、以市值總額呈現公司累積價值的形態等，都不一樣。

　　無論生技公司擁有多好的技術，如果輕忽臨床數據管理、療效指標的選擇策略、技術輸出策略、財務狀況和 IR（Investor Relations，投資人關係）等，就很難成功。散戶們也是一樣，能否根據各臨床階段的成功可能性或療效指標來分析，或是對技術輸出可能性的理解多寡，都會形成分析公司能

力的差異。

　　為了理解生技產業的屬性，有一些散戶必須知道的內容。這些知識大多散落在各種書籍或企業分析報告中；在這個章節，我會將生技產業和企業分析所需的先備知識整理得一目瞭然，現在就來看看吧！

2 成功研發新藥前，有五階段

　　根據韓國食品醫藥品安全處的定義，臨床試驗是為了確保藥品安全性和療效，證明藥物動力（pharmacokinetics）、藥效、藥理、臨床效果並調查不良反應，而以人體為對象進行的試驗或研究。

　　生技公司的主要業務，可說是讓已開發的管線在各臨床試驗階段不斷推進，由此可知，分析生技公司時，臨床試驗非常重要。

　　首先，要對臨床試驗的成功率有概念，才能以冷靜的眼光看待結果。通常，**在 1 萬個候選藥物中，只有 80 個左右能進入臨床階段**，但現實情況是，候選藥物最後被批准為新藥、為公司創造利益的機率僅有 0.1％。如圖表 2-1 所示，通過臨床前期階段的可能性為 0.8％，從這點立刻能看出，要進入臨床試驗就很不容易。

　　雖然最近掀起了投資未上市生技公司的熱潮，但我建議不要在對生技產業沒有基本知識的情況下，就投資位於非常初期階段的新創公司。由於通過臨床試驗前期的可能性非常

圖表 2-1　各臨床階段的成功件數

開發階段	開發件數	成功件數
臨床前期	10,000	80
臨床一期	80	50
臨床二期	50	15
臨床三期	15	9
FDA 批准	9	8
達到投資獲益	8	1

來源：美國生物科技創新組織（BIO）。

低，一般散戶至少要在生技公司完成動物概念驗證（Proof Of Concept，簡稱 POC）後再考慮投資。

　　以國際大型製藥廠為首的生技公司，也考慮到新藥批准的機率極低，正在綜合市場環境變化、競爭狀況，以及該管線的潛在未來價值等，有策略性的制定能反映這些情況的新藥開發計畫。

　　臨床試驗的第一步是候選藥物的物質探索。在這個階段，生技公司需要考慮的核心課題包含：以市場為中心的需求調查、商業價值評估、以及如何回收投資金等。

　　長期在國外生技公司任職的專家們一致認為，韓國生技公司缺乏以市場為中心來思考的能力，也就是說，這些公司大多以自我為中心，心想：「我要以現有的生物技術來製造這種藥物，賣到全世界去。」

相反的，歐美的生技公司會先徹底調查哪些新市場對於目前技術仍不滿足，以此為基礎，探索哪個現有技術能在打開新市場方面發揮重要作用，之後若有研究成果，便會將技術移轉給某個國際大型製藥廠，或是乾脆賣掉公司，徹底以市場為中心來思考並制定事業計畫書。也就是說，最大的差別在於有沒有先調查市場和大型製藥廠，究竟需要什麼樣的技術和管線。

具體看看候選藥物的物質探索過程，第一階段是撰寫最終目標產品概況，也就是目標產品概況表（Target Product Profile，簡稱 TPP）。藉由 TPP 可以掌握開發藥物的資訊、市場大小和競爭情況，再根據目標市場占有率和預期開發費用進行價值評估。這些調查結果將是之後多個開發階段的重要參考指南。

接下來是發掘候選物質群，在已經公開的數據資料中發掘能作為候選藥物的物質。這是能掌握競爭公司新藥開發現況，並進行最佳化的過程，如改變候選物質結構等。最近的趨勢是利用 AI 技術節省費用和時間，有效縮短非臨床的開發時間。

前期使用白老鼠，一～四期測試人體副作用

臨床前期研究的核心課題，是科學研究設計和有體系的數據管理及統計分析。前面提過，歐美生技公司以市場為中心來思考，在公司成立初期階段就會提前預測，開發技術後能被哪個國際大型製藥廠收購；所謂大型製藥廠指的是一年研發費超

過數兆韓元，擁有許多已批准藥物的超大型製藥生技公司。

　　為了成為收購對象，從一開始就會根據國際大型製藥廠的要求標準，盡全力進行數據管理，避免在做出好數據後，準備要移轉技術而整理時，才發現不符合國際標準，功虧一簣。

　　首先，會以細胞和動物為實驗對象，測試候選物質的藥效和危險因素，透過動態研究了解候選物質在動物體內如何吸收、擴散、代謝、排出；還會評估對多個器官的功能影響和藥理作用等療效，進而決定臨床試驗投藥劑量，建立物質安全性檔案。在此階段，會有系統的照研究方法製作所有文件，來申請批准下一階段的臨床試驗計畫。

　　同時，還會進行一個重要的工作，那就是自由運營檢索分析報告（Freedom to Operate，簡稱 FTO）。若研發候選物質時沒有利用 FTO 來評估侵權風險，後來授權輸出（License Out，又稱 L/O）、M&A（Mergers and Acquisitions，併購）時可能會遇到困難。從候選物質的探索或篩選（screening）階段起，一直到進入需要巨額資金的臨床前期和臨床階段前，都必須弄清這個問題。

　　臨床前期的研究對整個臨床研究的影響很大。分析臨床失敗的原因，會發現毒性問題占 30％，藥效證明失敗占 65％。從某個角度來說，這樣的結果也是必然的，因為**臨床前期的研究對象大多為實驗鼠**，而人的體格比實驗鼠還大很多，不能因為已經驗證在實驗鼠身上有效或無害，就斷定在人體上也是同理。

　　有人倡議動物實驗要有劃時代的進步，來降低臨床試驗失

圖表 2-2　臨床開發各階段的 FTO 分析

階段	主要內容
探索及篩選候選物質	透過 FTO 分析確認已經註冊專利的候選物質。
發掘並驗證候選物質	之後將進行的臨床前期階段及臨床階段都需要鉅額費用，因此會檢視候選物質是否侵犯 IP。
臨床前期及臨床階段	即使候選物質相同，也會根據劑量、方法、毒性實驗結果、副作用等申請各種專利認證，因此會將臨床結果與第三者的 IP 比較後判斷。
FDA 審查與商用化	在商用化之前，可以購買或進行技術協商，因此需要分析 FTO。

敗的機率。針對大腦開發的新藥，在以實驗鼠為對象的臨床前期試驗特別會遇到研究界限，有人為了克服這界限而提出類器官（organoid，以幹細胞培育出類似人體器官的立體組織結構，以模擬人體器官的功能）等多種對策，但是速度非常緩慢。

　　通過前期後，總算能進入在人類身上試驗藥效和副作用的臨床階段，共分成一期～四期：

1. 臨床一期

　　臨床一期的成功率是 63 ％，相當的高。這是以人類為對象的最終安全性試驗階段，成功的可能性高於其他階段。另外，臨床一期的特色是以健康的人為試驗對象，最具探索性，其目的是為之後將進行的二期試驗做準備，找出藥物的安全性和最大耐受劑量。

　　簡單來說，**一期的主要目的是確認安全性，以及人體與藥物間的相互作用，因此並沒有判斷藥效的過程。**臨床一期成功與否，完全取決於是否達到事先設定的安全性相關主要療效指標的變數目標。

　　之後的每個臨床階段，都會再提及療效指標變數，因此我們必須先理解其概念。療效指標變數，包括主要療效指標變數和次要療效指標變數，主要療效指標變數是決定該臨床試驗成敗的最重要指標，臨床試驗計畫書中，應事先明確描述主要療效指標變數的定義。

　　在臨床試驗過程中或雙盲（按：醫生和病患皆不知道哪組人使用了安慰劑或藥物，藉此進行結果校正，以得到精確度）解盲後，都不得隨意更改主要療效指標變數的定義，由於是會左右臨床試驗成敗的重要指標，所以要慎重決定。此外，還必須是之前的臨床試驗或論文等，已被記錄、累積信賴且獲得驗證的變數才能獲得認可。另外，也要事先制定分析結果時使用的主要療效指標變數的統計測定方法，防止任意解釋。

　　主要療效指標通常是一項，但有時會是兩項。如果有兩項，就不能只滿足其中一項，兩項都要達標才算成功。一般會要求主要療效指標的檢定，必須是 5% 的顯著水準，如果主要療效指標有兩項，那兩項要平分 5% 的顯著水準，因此，要滿足兩項療效指標才能認定為臨床成功。

　　如果主要療效指標變數無法滿足統計學的要求，則判定為失敗。統計值以 P 值表示，一般情況下，P 值小於 0.05 時，代

表達到臨床試驗目標;數字越小,則證明虛無假說(按:希望能證明為錯誤的假設,在此指「藥效無效的假說」)為誤。

次要療效指標是次要目的的評估指標,不影響本次臨床試驗的成敗,其目的在於提高對主要療效指標變數的理解度,透過探索性分析幫助臨床試驗進行,或探索新的研究點子。也就是說,無論次要療效指標有多好,倘若主要療效指標無法達到目標值,依然無法得出有統計意義的結果。

我們之所以要正確了解臨床試驗評估指標,是因為生技公司投入的所有資源,都是以臨床結果這四個字來呈現。因此,公司應以明確的方式表達臨床試驗結果,投資人也要具備基礎知識,才能正確解讀臨床結果數據。臨床結果的公布和投資人的反應,會決定生技股的市場水準。

2. 臨床二期

臨床二期的成功機率僅有 30%,是新藥臨床試驗中最大的難關。現實狀況是,很多新藥管線的研究都在臨床二期失敗,因此散戶在公司發表二期臨床結果時,都會繃緊神經。

這階段的任務是實際確認該適應症(該疾病)之病患,與藥物安全和療效的關聯性,並決定臨床三期適用的藥物劑量和用法。通常會將幾十人至幾百人分為對照組(標準療法或安慰劑)和試驗組(試驗藥物)進行對比臨床試驗。為了準確評估藥物的療效和安全性,通常採用雙盲的方式,也就是臨床醫生和病患都不知道是何種藥物,病患也隨機分組。

　　二期分為臨床 2a 和臨床 2b，2a 為概念驗證階段，在候選藥物的最大耐受劑量內，評估有效劑量的安全性和藥效，主要工作是試驗多種劑量的藥物，決定最佳劑量；也就是說，本階段的主旨在於確認藥物的藥效大過危險性。

　　臨床 2b 則是證明藥效的探索階段，會分為對照組和試驗組，以臨床 2a 所決定的藥劑量來確認藥效，是臨床試驗中最困難的關卡，成功率很低。臨床 2b 獲得的各種分析，會具體決定臨床三期試驗的進展方向，同時計算出確保有統計效果的最適當樣本大小。

　　前面已經詳細說明過何謂療效指標變數，而在二期也要事先決定主要療效指標、次要療效指標以及定義統計分析方法，這邊就不再詳述。

　　要注意的是，如果臨床二期成功了，就會進入需要龐大費用的三期，因此要盡量在二期取得證明藥效的詳細數據，並考慮顯著性差異，設定臨床三期的主要療效指標，也要有策略性的決定臨床病患人數，以確保充分的統計檢定力。

　　所謂充分的統計檢定力，指的是藥物能透過臨床試驗驗證的機率，以「檢定力＝100％－第二型錯誤（實際存在藥效卻遭拒的機率）」計算得出，為了達到充分的檢定力，通常是以80％ 為目標。

　　為了讓這一連串的工作能順利進行，最重要的就是選擇療效指標。雖然成敗取決於是否達到主要療效指標，但為了徹底為下一步做好準備，次要療效指標也不容忽略。

3. 臨床三期

　　一般來說，臨床試驗會在許多國家的不同中心，以數百到數千名病患為實驗對象進行，以此驗證試驗藥的安全性和藥效，通常需要耗費數千億韓元。會在這麼多不同地點執行，是為了驗證在不同人種、不同國家的療效差異。最近 FDA 拒絕批准中國生技製藥公司的新藥，也是因為該公司的免疫檢查點抑制劑（immune checkpoint blockade，癌症相關治療藥物）僅在中國進行臨床試驗。

　　臨床試驗一般要進行為期 3 年以上的長期試驗，需要更精巧的臨床設計來證明統計數字的有效性，尤其為了確保檢定力，必須有充分的樣本數量，但現實狀況是考慮到現金流，無法為了提高檢定力就一味的增加病患人數。

　　為了要計算出符合檢定力的適當病患人數，就需要一定程度準確的藥效數據。如果對藥效有信心，就可以降低臨床試驗的病患人數，但如果對藥效沒信心，就要盡可能增加病患人數來建立試驗群體，確保顯著性差異。臨床三期的成功機率約為50％，等於兩個新藥中，有一個能被批准。

4. 臨床四期

　　在新藥批准後，為了確認藥物的長期藥效和安全性，會進入臨床四期。以行銷的角度來說，也有為了有效向相關人士宣傳上市藥物之藥效的目的。新藥上市後會與現有藥物競爭，而現有藥物擁有眾人長期的信賴和數據，所以無論新藥有多好，

都需要時間驗證，藉此累積大量數據。

　　有時，生技公司會追加臨床試驗來滿足市場需求，提高新藥可信度，還會在學會公布臨床結果，確保新藥在初期能順利銷售。另外，在過去市售的藥物中，有不少藥物因安全性問題而被撤銷許可，所以從持續監控的角度來說，臨床四期也非常重要。

　　此外，還有所謂的臨床試驗合併，也就是兩階段同時進行，例如同時進行一期和二期，或二期和三期；在抗癌藥物的臨床試驗中，合併進行一期和二期的情況特別常見。這種臨床設計常用於重大疾病、病患人數較少的癌症或罕見疾病的臨床研究上。由於同時進行兩階段臨床試驗，所以難度較大。

　　新冠病毒疫苗也有合併臨床試驗的情況，因為這是分秒必爭的重大疾病。多虧了細胞療法及基因療法的進步，癌症或遺傳性罕見疾病的臨床試驗增加，臨床設計越來越考量到統計數字的有效性，也努力縮短需耗費的費用和時間。

　　以下整理出不同臨床設計類型：

* **隨機分派**：這是降低臨床試驗偏誤的最有效方法，是確保顯著性差異的絕對要求。
* **多中心**：選定多個臨床試驗的站點，確保區域多樣性，如果是多中心臨床試驗，應考慮分層隨機分派的問題。
* **同步對照組**：應比較對照組與實驗組後評估。
* **雙盲**：試驗對象和研究人員組均無法知道哪組被分派到

對照組或實驗組。

● **調整性**：進行臨床試驗時，可以透過分析決定是否繼續
進行或是改變臨床設計，中間的臨床變更應按照事前的
臨床計畫進行。

臨床試驗階段的費用，以第三期最高

新藥上市之前需要多少費用？從初期臨床階段到後期臨床
階段，費用會隨著病患人數的增加而急遽增加。不僅如此，
還需要與臨床設計、試驗委託者／受託研究機構（Contract
Research Organization，簡稱 CRO）合作，管理臨床醫院、數
據和統計等亦需要龐大資金，也必須具備臨床相關的充足經驗
與知識。

如圖表 2-3 所示，越到臨床後期，費用會大幅增加，整體

圖表 2-3　**各臨床階段所需要的臨床費用**

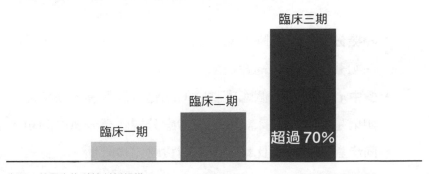

來源：美國生物科技創新組織。

臨床費用中，臨床三期占 72%。此外，開發新藥所需的整體臨床費用也在增加，接近兩兆韓元，可看出有逐年增加的趨勢。

為了讓投入天文數字資金的試驗藥能得到審查機關的藥效認可，就必須證明試驗藥的安全性和藥效，這時必須展示出臨床試驗結果的顯著性差異和臨床顯著性。臨床顯著性指的是，醫生判斷所觀察的藥效值在治療效果方面具有臨床意義。

新藥審查時，統計專家會算出試驗藥的藥效信賴區間，再由臨床專家考量信賴區間後，判斷藥效在臨床上是否有意義。

2021 年 7 月 21 日，某篇新聞報導稱生物製藥公司 Ardelyx 正在開發的高血磷症藥物，很有可能無法獲得批准，FDA 雖然沒有提出關於新藥缺陷的具體內容，但提到關鍵問題是藥效和臨床相關性，暗指臨床顯著性有問題。在臨床試驗中，必須同時證明結果有顯著性差異和臨床顯著性，審查機關才會認可藥效。

通常，若文件沒有問題，FDA 會在 10 個月內決定是否批准新藥查驗登記（New Drug Application，簡稱 NDA）。進行新藥審查時，FDA 由 7 個領域的專家各自負責自己的專業領域，主要審查提交的文件，有時還會同時針對資料進行現場驗證。在討論過程中若覺得有必要，可能會召開諮詢委員會會議徵求意見，並參考會議結果做出最終決定。不過，會議結果並沒有強制力。

FDA 加速開發及審查制度，是為了促進重大疾病藥物的開發，或醫療需求尚未滿足的罕見疾病藥物之開發，2019 年

FDA 批准的新藥中有 60% 受惠於此。

以下為 FDA 加速開發與審查制度的特點：

- **快速審查（fast track）**：增加與 FDA 開會的次數並給予提問機會，滿足條件時可申請加速批准或優先審查，申請新藥時則按材料類別依序審查。
- **突破性療法**：受惠於快速審查，從臨床一期開始集中指導，針對後期的臨床試驗設計交換意見。
- **加速批准**：進行重大疾病的臨床試驗時，使用替代性指標或可測量的中間臨床結果變數作為主要療效指標；開發抗癌藥物時，使用腫瘤大小或兩年的生存率作為中間臨床結果變數，上市後再進行確認性的臨床試驗。
- **優先審查**：標準的新藥審查期間是 10 個月，但考量到重症患者而縮短為 6 個月。必須證明有顯著藥效、能改善副作用，才能優先審查。
- **孤兒藥資格**：美國規定病患數在 20 萬人以下的疾病、韓國規定病患數在兩萬人以下的疾病，其藥物開發費稅額豁免、許可審查手續費減免；若是市場首見藥品（first-in-class），在獲得批准後，無論專利期限，都會增加 7 年的獨賣期。

以上大多是為了鼓勵開發癌症、罕見遺傳疾病、神經退化性疾病，抑或目前沒有治療藥物的重大疾病，幫助那些製藥公

司縮短審查時間或增加獨賣期。舉例來說，只要符合孤兒藥資格，那麼新藥批准後，不論專利期限多長，都會另外賦予 7 年獨賣期。

　　大多數罕見疾病的研究不多，必須從基礎開始探索，再研究細節的技術問題，就算後來完成臨床試驗並獲得新藥批准，也消耗了 20 年專利期限中的一大段期間，大規模回收研究經費的可能性也降低。因此，這制度可以視為一種獎勵，作為消除生技公司困境的方式之一。

　　新藥要先為物質申請專利、經過非臨床和臨床試驗、申請新藥批准、通過審查、獲得新藥批准後才能銷售。一般來說，開發一種新藥需要 14 年的時間，如果專利權無法得到認可，就得要在競爭之下冒著收益驟減的風險，這麼一來，可能任何人都不願投入大規模的資金和時間開發新藥。FDA 了解製藥生技公司的這些苦衷，而賦予 20 年的專利權。

　　從獲得物質專利到開發新藥平均需要 10 年至 15 年。專利權期限從 20 年起算，平均可以獨賣 7 年左右，最多可以延長 5 年，所以實際上獨賣期限可以延長 12 年。如果有孤兒藥的資

圖表 2-4　生技公司技術專利及銷售期限

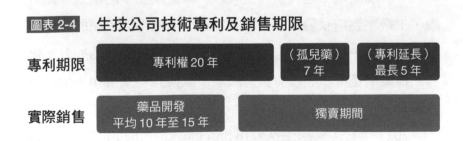

專利期限	專利權 20 年	（孤兒藥）7 年	（專利延長）最長 5 年
實際銷售	藥品開發 平均 10 年至 15 年	獨賣期間	

格，就能在此基礎上再加 7 年，等於可以獨賣近 20 年。

臨床試驗失敗的不同原因

從物質開發後，經歷繁複的過程，最終能獲得批准的新藥不到 10%。如果途中在某個階段，主要療效指標未能獲得統計意義而遭中斷，就一定會虧損，而且越到後期，損失就越大。難道這種臨床失敗的原因，僅僅是因為藥物沒有藥效或副作用太大嗎？

從臨床試驗失敗的經驗中獲得的知識，會成為今後分析公司及選股時非常重要的資產。臨床失敗的原因有很多，我們分析的生技公司在臨床過程遇到的問題，大部分都會在之後提到，你可以繼續看下去。韓國統計系教授姜承浩在《新藥開發需要的臨床統計學》一書中，整理了臨床失敗的原因，我參考了那本書，統整出以下幾個原因：

1. 出現偏誤（bias）

等於臨床試驗過程中發生問題，降低試驗藥的藥效。比方說，工廠在製造試驗藥時，因某種原因，使得試驗藥的成分不及所需劑量，或是不小心摻雜了會降低試驗藥藥效的成分；還有一種案例是受試者沒有按時服藥，或與其他藥混用，使得藥效降低。

2021 年初，美國生技公司 Sarepta Therapeutics 判斷，臨

床二期失敗的原因是 6～7 歲的安慰劑組在臨床試驗開始前症狀微弱，因此提出了與自然死亡組（natural history cohort）比較分析的結果；自然死亡組是根據時間追蹤並觀察特定疾病患者的回溯性研究，藉此證明臨床試驗失敗與藥效無關，而是臨床試驗群體有偏誤。

2. 決定劑量

臨床試驗是驗證藥物副作用和藥效的過程，在一期主要會針對試驗藥的安全性進行不同劑量的試驗，並在二期試驗不同劑量的藥效，準備大規模的試驗，也就是臨床三期。以二期的資料為基礎來決定的三期劑量，如果少於所需劑量，那麼試驗藥藥效失敗的可能性勢必會增加。

換句話說，只要增加劑量就會成功，卻因為設定得太少而失敗；反之，如果設定得比適當劑量更高，可能會出現副作用，變成因安全問題而失敗，雖然證明了藥效，卻因為安全性問題更大，導致無法批准。

3. 檢定力

所謂檢定力，指的是在試驗藥確實具有藥效的情況下，「沒有藥效的假說被否定」的機率，也就是做出正確決定的機率。在大部分的臨床試驗中，會以 80％ 的檢定力決定樣本的大小，雖然 100％ 最為理想，但考慮到費用和時間，因此決定為 80％。

然而，「檢定力為 80%」也意味著有可能實際上有藥效，卻無法證明。另外，為了保證檢定力達到 80%，在決定樣本大小時，需要輸入必須考慮的變數，也就是藥效強弱的推測值。不過因為那無論如何都只是推測值，因此與實際數據仍可能有落差。其實，如果藥效較弱，就要為了確保檢定力而擴大樣本數，不過還是有其界限，很難準確了解藥效強弱。

4. 選擇病患群體

雖然試驗藥通過臨床試驗並獲得新藥批准的機率只有極少的 9%，但最近的臨床試驗主要招募以生物標記的病患，並搭配能夠產生綜效的市售藥物，所以批准率逐漸增加。以前並沒有更仔細的分類標準，能分出符合試驗藥的病患，而是將全體病患納入同一群樣本裡進行試驗，從而使藥效被稀釋。在初期的臨床試驗中，最重要的是選定適當的療效評價指標，並確保多方探索，進而了解試驗藥能在何種類型的病患身上發揮更大的藥效。

5. 偶然和藥效

即使實際上真的有效，但如果檢定力占了 80%，代表仍存在著 20% 的失敗率。這可能會讓你感到驚訝，想想看，實際具有藥效的試驗藥物，從物質開發到臨床三期，已經經歷了 10 年，而且實際用在病患身上，藥效也毫不遜色，但是在臨床上失敗的機率卻高達 20%。

只要知道檢定力和失敗率，就能充分理解生技公司在二期或三期，因模棱兩可的統計數據而失敗時，當下該有多氣餒。除此之外，也有實際上沒有藥效而導致臨床試驗失敗的情況。

最後，是主要療效指標變數的選擇。**主要療效指標變數是決定每個臨床階段成敗時最重要的指標變數**。假設有 A、B、C 共 3 個主要療效指標變數，臨床試驗可能會根據所決定的指標變數，而有完全不同的結果。

數據稀少的罕見疾病，往往會因為沒有設定正確的療效指標，而吃盡苦頭，或是在臨床結束後才發現選錯了。韓國製藥公司 Mezzion Pharma 就是一個很好的案例，他們選錯主要療效指標的變數，未能證明顯著性差異，仍向 FDA 申請新藥批准審查。該公司聲稱，他們到臨床結束後才透過其他研究結果發現，臨床三期所選擇的主要療效指標的變數和次要變數相反，但 FDA 仍拒絕批准新藥申請。

在臺灣，怎麼看臨床結果？

1. 前往公司官網，點選最新消息（以康霈為例）。

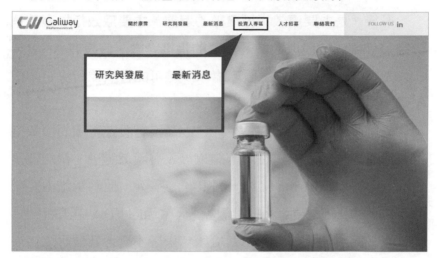

來源：康霈生技官網。

2. 在最新消息的頁面上，會看到許多公司公告。

ALL	公司訊息	媒體報導	
05 2023	**04** 2023	**04** 2023	**03** 2023
CBL-514 用於減少皮下脂肪之 Phase 2b 臨床試驗已開始收案...	CBL-514 改善中/重度橘皮組織之二期試驗第二階段可開始收案	CBL-514 已完成罕見疾病-費根氏症二期臨床試驗	康霈已完成 CBL-514 非手術局部減脂 Phase 2 第二階段試驗
CBL-514 於 2023 年 1 月經美國 FDA 核准執行於減少皮下脂肪的 Phase 2b 臨床試驗已開始收案，預計將於 2024 年 Q2 完成相關試驗數據收案，並於同年 Q3 取得相關統計結果。	CBL-514 改善中/重度橘皮組織之二期臨床試驗第二階段治療劑量已獲同意，可開始收案，預計將於 2023 年 Q4 完成試驗。	全球目前唯一仍在研的費根氏症藥物 CBL-514，其二期臨床試驗於已順利完成所有受試者最終追蹤數據收集，預計將於今年 Q3 公布臨床統計結果。	CBL-514 之非手術局部減脂二期臨床試驗在第一階段展現一次治療即可顯著減少皮下脂肪的療效；而至二階段也已完成最後一位受試者數據收集，預計於今年 Q3 公布臨床統計結果。
LEARN MORE →	LEARN MORE →	LEARN MORE →	LEARN MORE →

來源：康霈生技官網。

3. 點進公告中，可看出現在的試驗狀況。

2023.05

CBL-514 用於減少皮下脂肪之 Phase 2b 臨床試驗已開始收案，預計 2024Q2 完成試驗

2023 年 5 月 31 日 - 康霈（6919-TW）旗下新藥 CBL-514 注射劑經美國食品藥物管理局（U.S. FDA）核准執行用於減少
NCTO5736107），已開始進行受試者招募，預計將於 2024 年 Q2 完成相關試驗數據收集，惟實際時程將依執行進度調整
本試驗案為一項多國多中心、隨機分配、安慰劑組對照的 Phase 2b 臨床試驗，主要目的為評估 CBL-514 注射劑用於減少
將招募 100 位具有輕度、中度或重度腹部皮下脂肪堆積的受試者，並將以 1:1 被隨機分配至 CBL-514 或安慰劑組共 2 個
次治療劑量最高不超過 600 mg，並依每次回診後受試者的腹部皮下脂肪堆積嚴重程度給予受試者至多 4 次治療，每次沒
並採用美國 FDA 建議的臨床三期主要療效指標–治療後腹部皮下脂肪堆積等級（Abdominal Fat Rating Scale, AFRS）至少改善
本次試驗除了在美國大幅增加收案試驗中心，也吸引美國多位醫美領域國際性 KOL 加入試驗。CBL-514 是目前全球唯一
前唯一療效與抽脂手術相當的產品；其他非手術局部減脂藥品，包含臨床試驗階段的產品，皆以改善雙下巴為主。在數
達到了顯著差異，具有出色的療效再現性與良好的安全性，目前正進行授權合作洽談。預計將於 2024 年申請全球多國

超過六成的人不滿意現有局部減脂治療方式，2030 年全球市場將達 1,025 億美元

由於身體局部包含腹部、大腿、手臂或腰側等部位的皮下脂肪，難以透過飲食、運動或藥物減重的方式來減少，更無
稱局部脂肪），且不影響身體其他部位的皮下脂肪或肌肉，則必須透過抽脂手術或非手術的局部減脂產品來減少局
減少治療部位的皮下脂肪而非減輕體重，也不會減少其他部位的脂肪。

來源：康霈生技官網。

4. 此外，關注網路媒體報導，也可以獲得第一手的臨床結果
消息。

3 50% 以上技術，在非臨床時期輸出

韓國生技公司臨床管線數量的成長令人矚目。據韓國製藥生物協會的資料顯示，2021 年的韓國生技公司臨床階段管線，與 2018 年相比，增加約 3 倍，短時間內呈現驚人的數量成長。2021 年技術移轉的業績為 13 兆 3,720 億韓元，技術輸出的先鋒分別為 LegoChem Biosciences 和 Alteogen，兩者的特點是擁有抗體藥物複合體、劑型轉換技術等世界級平臺技術。

韓國生技公司之所以積極輸出技術，是因為進入臨床後期，臨床費用就會呈幾何級數增長。臨床三期需要數千億韓元，遠遠超過韓國生技公司可以負荷的程度。到後期，不僅需要資金，還需要跨國的臨床設計能力、與委託研究機構合作、數據管理能力、應對 FDA 的豐富經驗等。因此，大部分公司都不敢投入三期試驗，而是在管線初期階段就推動技術輸出，減輕進行臨床試驗的資金負擔，同時致力於確保下個研發項目的資金。

如圖表 2-6 所示，**技術移轉大部分都是在非臨床階段進行。這種現象跟後面會探討的全球技術輸出趨勢相同，以國際**

圖表 2-5　各臨床階段管線現況

（單位：件數）

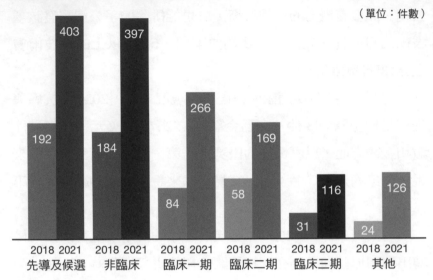

來源：韓國製藥生物協會。

圖表 2-6　普遍技術移轉件數

（單位：件數）

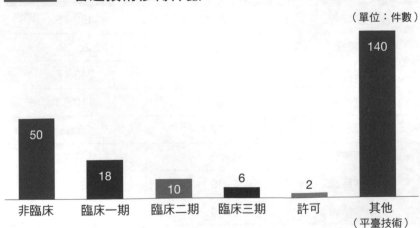

來源：韓國製藥生物協會。

大型製藥廠來說，這麼做可以達到兩個效果，一是能領先其他公司，開發有潛力的優秀技術，二是能排除競爭公司開發該項技術的可能性。在這裡，我們要牢記，**50% 以上的好技術會在非臨床階段輸出。**

從圖表 2-7 各疾病領域技術移轉現況來看，2020 年抗癌藥物交易件數為 293 件，交易金額為 452 .75 億美元，在交易件數和金額方面，以壓倒性的優勢位居第一。以技術交易件數來說，傳染病是第二名；而以交易金額來說，中樞神經系統是第二位。

在圖表 2-8 中，2020 年各疾病領域的併購現況也跟技術移轉出現類似傾向。癌症藥物相關公司的併購件數為 153 件，交

圖表 2-7 各疾病領域技術移轉現況（2020 年）

治療領域	交易（件數）	交易金額（億美元）
抗癌藥物	293	452.75
傳染病	125	20.19
中樞神經系統	90	243.47
免疫藥物	60	110.83
眼科疾病	37	26.68
代謝疾病	26	37.2
腸道疾病	19	2.57
心臟疾病	14	8.01

來源：英國數據分析和諮詢公司 GlobalData。

圖表 2-8　　各疾病領域併購現況（2020 年）

治療領域	交易（件數）	交易金額（億美元）
抗癌藥物	153	1,106.21
中樞神經系統	118	905.82
傳染病	82	711.75
免疫藥物	75	897.13
心臟疾病	74	960.13
腸道疾病	23	11.27
呼吸系統疾病	22	38.1
代謝疾病	28	720.36
眼科疾病	22	447.85

來源：GlobalData。

易金額約 1,106.21 億美元，位居第一；其次是中樞神經系統的 118 件，位居第二；以交易金額來說，心臟疾病位居第二。

　　從下頁圖表 2-9 中，我們能看到全球生技公司各開發階段的技術移轉現狀，其中，2020 年約 55％ 以上的技術移轉，發生在物質開發和臨床前期，這種傾向隨著時間的推移變得更加明顯。韓國的現況也很類似，這源自於大型製藥廠搶先占有新藥物質的策略；另外，還能看到在證明新藥開發可能性的概念驗證階段——臨床二期呈現出良好數據的物質，其技術移轉也相當頻繁。

　　我認為，生技公司都該考慮一個策略：如果沒有在臨床前

圖表 2-9　各開發階段技術移轉現況（2020 年）

臨床階段	交易（件數）	交易金額（億美元）
物質開發	190	366.19
臨床前期	184	332.35
臨床一期	67	149.35
臨床二期	107	154.24
臨床三期	52	122.34
新藥申請前	24	54.91
新藥申請	12	0.63
批准決定前	9	8.25
拒絕批准新藥	6	2.26
退出市場（商品化後）	1	－

來源：GlobalData。

期階段輸出技術，那就要在確認二期結果後，移轉給國際大型製藥廠，而非一期後。投資人也要將這個投資策略記在心裡，也就是說，**在臨床前期還沒有輸出的技術，至少要等到臨床二期結束，才有比較大的輸出可能性。**

　　國際大型製藥廠之所以關注臨床二期結果較好的公司，而非一期的結果，是因為臨床一期的成功率高達 63％，二期卻只有 30％ 出頭，大部分都會在二期被淘汰。因此，他們要先確認技術，才會選擇引進。

　　只要記住這些技術移轉的特點，就可以在一定程度上，掌

握自己想投資的公司之後技術移轉的可能性。

接下來，我們來了解一下技術移轉的契約金額。技術移轉交易金額分為頭期款（upfront）和里程金（milestone），里程金又分為各階段的技術費用和授權金。各階段的技術費，都是臨床階段達標時支付的金額，授權金（royalty）則是新藥快上市時，支付一定部分的銷售額。

以全球市場來看，在物質開發和臨床前期階段，頭期款占合約整體金額的比例為 5～9%，越到臨床後期，比率會越高，上升到 10～20% 左右。

歐美和亞洲生技公司，移轉策略不同

前面提過，韓國生技公司和歐美生技公司從策略的出發點相當不同，**歐美生技公司為了在創業初期取得成功，採取的策略是了解現有技術並調查市場需求**。有人說，**能在全球市場成功開發新藥的條件並不是卓越藥效，而是大型製藥廠引進外部授權（License In）和銷售技術**。

這可以解釋成，公司要掌握國際大型製藥廠的動向，徹底以市場為中心來思考技術開發策略。

另外，大型製藥廠根據技術市場的動向，積極引進技術後，往往會根據公司政策改變而退還，但只有 25% 是藥效的問題。因此，如果藥效沒有問題，就沒有必要因為退還而感到失望，其實，有很多管線都有過這樣的狀況，大型製藥廠在引

進技術後，因內部政策改變而延宕優先順序，導致技術被退還，但後來還是再次輸出，取得良好成果。

　　生技公司以後應該要從物質開發初期階段就分析大型製藥廠的技術和管線，有策略的以現有技術選定並開發能夠滿足需求的物質。也就是說，從物質開發階段開始就要考慮技術移轉，仔細按照 FDA 的標準準備數據或資料。

　　另外，有必要請 BD（business development，商業開發）部門聘請專家在學會、研討會、合作會議（partnering meeting）上或利用海外人脈等，積極宣傳技術開發現況。雖然散戶可能會覺得，規模小的生技公司很難具備完善的結構，但我們更應該積極投資我們重視的領域，使技術獲得世界認可。

4 臨床結果公布前，是股價的「青春期」

　　股價在臨床結果公布前上漲，是不成熟的市場中會出現的現象，我習慣稱之為「青春期」，因為那就像人類的青春期一樣，沒有邏輯和理性，不知道會如何變動，也不懂怎麼表達。

　　什麼是無法理解的股價波動？舉例來說，過去曾有一間公司在二期結果即將公布的幾個月前，股價大幅上漲。當時，新聞一直報導臨床二期結果即將公布，證券公司的分析報告也提到：「在臨床結果出現之前，可能會輸出技術，如果成功了，不僅能大規模輸出，其他現有管線的價值也會連帶提升。」這些消息都對股價有正面影響。

　　而看到股價快速上漲，就好像已經確定臨床結果成功一樣，吸引著一般散戶。上漲的走勢圖總是非常誘人，我自己也難以抗拒誘惑，不知不覺間成為了股東。我在購買股票時，還在腦中合理化自己的行為，告訴自己股價會以這麼快的速度上漲肯定有其原因，努力擺脫心中的不安。

　　但就在臨床結果發表的一個多月前，股價又以非常驚人的速度暴跌。不過，連股價上漲時，我都不知道準確的原因了，

當然更不可能明白下跌的契機。就這樣，股價重新回到原來的位置，損失則像雪球一樣越滾越大。這時，也差不多到了該發表臨床結果的日子了，情況發展到這種地步，我忍不住暗自心想：二期好像失敗了。

在這邊，我想先點出一個重點。臨床二期是什麼？是同時驗證藥物安全性和藥效的階段，也是臨床階段中最難的關卡，成功率只有30％左右；雖然每種生物技術不一樣，但對任何技術來說，這都是一道難關。站在股東的立場上來看，比起興奮，更容易感到不安又焦躁。為了走到臨床二期，多少研究人員付出了努力，投資人又放入多少寶貴的本金？這些心血和資金，很有可能因二期結果失敗而大幅下跌，所以比起興奮，股東肯定更為緊張。

看看圖表2-10，韓國生技公司AptaBio原定於2021年11月公布臨床二期結果，但股價從7月中旬開始上漲，已經形成兩座高山。無論臨床結果為何，股價已經上漲近兩倍，從新聞報導來看，支撐股價上漲的只有無償增資。

但是，就在臨床二期結果公布的幾個月前，許多報導提到技術移轉可能性，還有分析報告說，如果臨床二期成功（要注意主要判斷變數是否為假設），股價就會上升。而且，企業分析報告內容都是分析成功的情況，因此，在決定投資時，不能全部參考。根據我長期的投資經驗來看，任何假設與實際投資都是相剋的。

在臨床二期結果即將公布時，即使是資金雄厚的大型製藥

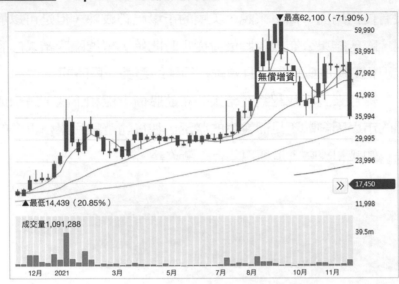

圖表 2-10　AptaBio 股價走勢圖

來源：NAVER 金融。

廠，也不太會在確認結果之前就輕易引進生技公司的管線，也就是引進技術。

由於臨床二期很難成功，因此經過等待、確認結果再引進技術才合理。更何況，該公司正在開發的機制，現有的開發商已有多次失敗經驗，更需要保持緊張、持續關注；此外，該公司以一項技術挑戰多種適應症，失敗帶來的衝擊很有可能比其他公司更大。當然，如果成功就沒有問題，但是要銘記，準確來說，成功率只有約30%。

那麼，美國的情況如何？雖然韓國的股價會從臨床結果公布的幾個月前開始波動，但美國在臨床二期結果公布之前並沒

有特別的波動。我透過長期的經驗了解到,在結果公布前買賣沒有任何用處。簡單來說,美國的市場已經成熟,但是可以發現,臨床結果公布後,股價會從那時開始,根據臨床結果內容出現相對應的動向,而且會維持同樣的趨勢一段時間。

綜合來說,我認為在結果公布前股價上漲和下跌,是未成熟的市場因經驗不足而發生的狀況,往後隨著散戶累積更多的投資知識和經驗,這種現象會逐漸改善。

5 臨床成功，股價不漲反跌？
療效指標，很容易錯讀

　　我們在這邊再次以 AptaBio 為例說明，該公司在經歷前述波折後，公布了臨床二期的結果。一般來說，如果臨床二期結果成功，股價會在結果公布後上漲超過 1.5 倍。因為已經通過了 30% 的難關，所以技術輸出給國際大型製藥廠的可能性也變大了，因此股價暴漲才合理。

　　但是，臨床結果公布後，即使該公司宣布臨床試驗成功，依然未能避免股價暴跌。該公司聲稱的臨床成功結果，為何得不到散戶們的信任？

　　我們來分析一下該公司公布的臨床二期結果內容。該公司擁有兩項平臺技術，公布的是其中最先進的 APX-115 糖尿病腎臟病變，我只摘錄公布內容中最重要的部分，可以用以下兩句話摘要：

1. UACR（尿液白蛋白與尿液肌酸酐比值）平均變化率與對照組相比減少約 20%。
2. 與對照組相比減少約 40% 以上，具有顯著性差異。

　　該公司的 CTO（Chief Technology Officer，技術長）在發表過程中親切的補充，表示第二點的數值更為重要。聽到這些內容後，連略懂臨床結果解釋的人，也會誤以為第二點是主要療效指標。

　　由於該公司沒有明確說明主要療效指標為何，所以對於不太了解的人來說，會以為成功了，而稍微會看指標的人則感到困惑，必須確認哪個是主要療效指標。在美國國家衛生院（National Institutes of Health，簡稱 NIH）的網站上可以確認臨床現況，結果如圖表 2-11。

　　由此可見，第一點明顯是主要療效指標，也就是決定臨床結果勝敗的最重要指標，其結果以 P 值表示。要記住，無論次要療效指標的統計值有再大的意義，也完全不會對臨床結果產生任何影響。不過，該公司在公布時，卻對第二點進行統計分

圖表 2-11　APX-115 主要療效指標

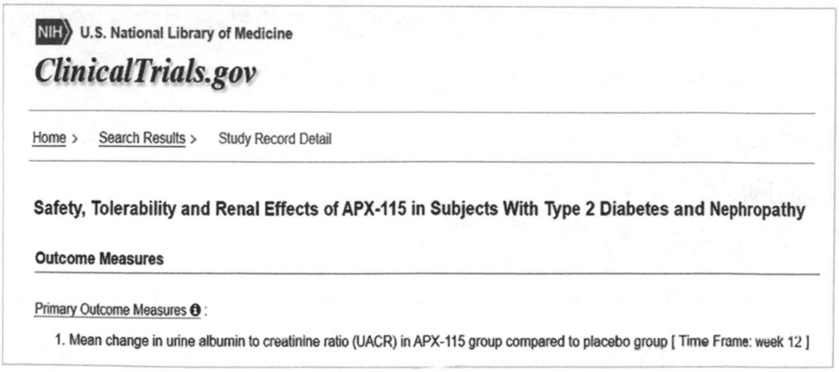

NIH U.S. National Library of Medicine
ClinicalTrials.gov

Home ＞　　Search Results ＞　　Study Record Detail

Safety, Tolerability and Renal Effects of APX-115 in Subjects With Type 2 Diabetes and Nephropathy

Outcome Measures

Primary Outcome Measures ❶ :
　1. Mean change in urine albumin to creatinine ratio (UACR) in APX-115 group compared to placebo group [Time Frame: week 12]

來源：美國國家衛生院。

析，反倒沒有提到第一點的顯著性差異，也沒有具體解釋，投資人固然容易感到混亂。

由於該公司沒有寫出主要療效指標的統計意義，導致被解釋為臨床結果失敗，因此法人集中賣出，引發拋售。公司將股價下跌的原因歸咎於法人的集中拋售，還發布新聞稿，表示內部分析結果顯示，以全體病患為對象的臨床試驗也滿足了事先設定的目標值，臨床試驗委託研究機關將在 2022 年第 2 季提供最終結果，結果可能差不多。

但是，市場對公司的應對沒有表現出太大的信任，股價也難以逃脫低谷，看到這樣的走勢圖，實在無法讓人相信這間公司已經成功通過困難的臨床二期。

到底哪裡出了問題？在公司公布臨床結果和應對方面，我觀察到很多不成熟的部分。臨床結果要明確公布，如果沒有數據，正確答案就是「還不知道」；如果有數據，只要發表主要療效指標的顯著性差異就可以了。不過，這間公司遇到這種情況，卻不與投資人溝通，反而選擇提供新聞稿，表示有輸出的可能性，這麼做反而很難恢復市場的信賴。

他們說 2022 年第 2 季將會收到臨床試驗委託研究機構的結果分析數據，所以臨床結果遲早會揭曉。但是，先不論臨床成敗的真實與否，投資人因為這段插曲而加深對生技公司的不信任，更加令人惋惜。

我在前言中強調過，一般人投資生技股時很難理解公司的細節，所以很像是在賭博，因此，企業應該更花心思獲得投資

人的信任。生技公司如果喪失信任，就無法繼續存在。不要忘記，公司在長期持續營業虧損的情況下，還能繼續進行研究，都要感謝散戶對 CEO 和公司研究人員的信任。

　　雖然散戶很難掌握臨床相關詳細內容，但也要檢視基本資訊並具備知識，藉此培養自己的眼光，掌握臨床試驗是否按照日程進行，以及結果是否達到原本想驗證的目的。只要熟悉前面說明的主要療效評價，以及閱讀統計數值的方法，就不難掌握臨床結果公布的大脈絡。

6 製藥圈很小，隨便問問 大家都認識

新藥研發成功率不僅不高，臨床各階段統計結果對市場的影響也很大。特別是臨床三期，因為直接關係到新藥批准，不僅相關研發人士，散戶也會關注。因此，在最終臨床試驗結果公布之前，相關人員絕對不能洩露結果。

引用《新藥開發需要的臨床統計學》一書中提到的案例來說明，在臨床試驗結束、尚未發表最終報告時，華爾街許多金融公司都會打電話給參與臨床試驗的醫生。據說，在 2002 年，Isis Pharmaceuticals（按：已更名為 Ionis Pharmaceuticals）進行肺癌藥物臨床試驗的過程中，股價在最終報告出來的一週前暴跌超過 20％，後來才發現是參與臨床試驗的醫生們違反保密約定，向華爾街金融公司洩露機密，才會發生此狀況。

雙盲試驗，也有盲點

目前大部分的臨床三期試驗都是以雙盲的方式進行，受試者和醫生都不知道受試者將接受的藥物。但有些試驗藥存在特

定副作用，因此可以透過副作用得知是哪位受試者接受了試驗藥；相反的，有些臨床藥的藥效太好，所以臨床醫生可以區分哪個是安慰劑、哪個是試驗藥。

比方說，美國生物製藥公司 ImClone Systems 的大腸癌治療藥物 Erbitux 有起紅疹的副作用，據說有人直接打電話給參加臨床試驗的醫生，調查起紅疹的病患腫瘤是否縮小。他表示，向多位醫生問來的資訊交叉比對後，就能準確預測試驗藥的成功與否。

此外，如果臨床試驗設計為能在過程中解除雙盲，也就是醫生看過試驗藥和對照藥安全性比較資料後，透露詳細資訊，這個手法就破除了調適性設計（adaptive design）的盲點。

在有安全疑慮的調整型臨床試驗中，會成立數據與安全監測委員會（Data and Safety Monitoring Board，簡稱DSMB），這些醫生與參與臨床試驗的醫生完全獨立，為了受試者的安全，負責在臨床試驗期間檢視臨床數據，這就代表DSMB 能檢視所有數據。

而後來有人表示，絕對不該洩露機密的 DSMB 醫生，透漏了試驗藥和對照藥的安全性相關數據；2005 年，肺高壓藥物 Thelin 臨床試驗時就發生了這樣的事情，此藥物是參與原發性肺動脈高壓發病機制的 Endothelin-1 的受體拮抗劑，美國FDA 判斷肝受損的風險超過治療利益，最終拒絕批准。

金融界常說：「這個圈子非常小，隨便問一下，大家都認識。」而製藥和醫師的圈子也是如此，彼此都是同校畢業的學

長姊，或都身處同一個學會，關係緊密交錯，代表要保密並不
容易。

臨床公布前，股價就下跌的實際案例

在 2019 年，韓國生技公司的臨床三期全都以失敗告終，
不過確實發生了在臨床結果公布前股價就下跌的案例，分別是
SillaJen 和 Helixmith。

首先，SillaJen 於 2019 年 8 月 2 日表示：「本公司於 8 月 1
日 9 點（美國舊金山時間）與獨立機構 DSMB 進行了 Pexa-Vec
肝癌藥物臨床三期試驗的無效評估（assessment of futility）相
關會議，結果 DSMB 建議本公司停止臨床試驗。」

我們已經學過許多臨床相關知識，現在應該可以清楚理解
發生了什麼事情。在 SillaJen 進行調整型臨床試驗的過程中，
DSMB 檢視臨床資料後，建議他們最好立刻停止。

前面在講各期臨床階段成功率中提到，臨床三期成功的可
能性超過 50%，可視為兩個新藥中有一個可能被批准。儘管如
此，SillaJen 的股價竟從臨床結果公布的 6 個月前就開始呈現
下降趨勢。

接著，我們來回顧 Helixmith 臨床三期結果公布情況。
Helixmith 的糖尿病神經病變藥物在 2019 年 9 月 23 日公布美國
臨床三期的結果前，外資和法人不斷拋售；在臨床結果發表當
週，短短一週內，外資淨拋售 363 億韓元的股票。 Helixmith

圖表 2-12　SillaJen 股價走勢圖

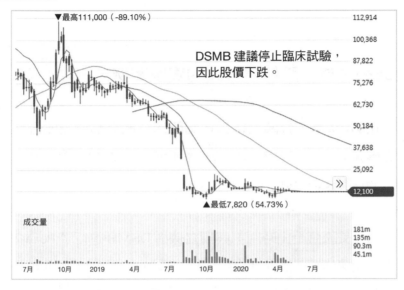

來源：NAVER 金融。

圖表 2-13　Helixmith 股價走勢圖

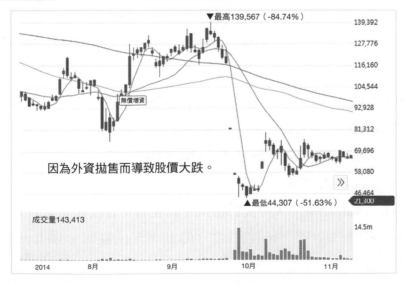

來源：NAVER 金融。

在當天的 18 點 9 分公告，他們發現臨床三期有部分糖尿病神經病變病患，可能混用了安慰劑與試驗藥，由於試驗藥有被混用的可能性，效果被大幅扭曲，因而無法得出明確的結論。

　　雖然我們不知道公司內部發生了什麼事情，但可以肯定的是，這大大破壞了投資人對生技公司的信任。

　　到目前為止，我們學到了生技公司的臨床試驗相關機密，可能在事前被洩露，以及在臨床三期宣告失敗時的股價和買賣動向。美國的案例已經是 20 年前的事情了，現在的情況不得而知；而韓國兩間公司在臨床三期失敗結果公布前，只能透過買賣動向得知，導致股價在結果公布前就下跌，外資的應對方式是拋售、散戶則是收購。

　　製藥生技的臨床試驗，是用來檢視這些試驗藥物是否具有實際藥效，能否拯救我們身邊被病痛折磨的親友，所以資訊管理機制應該更加嚴格。因此，我認為資訊管理必須更嚴謹，才能好好保護投資人。

第三章

生技公司最新的
細節技術

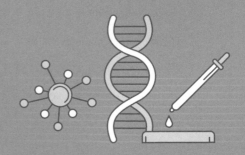

1 與細胞相關的各種生物科技

目前為止，為了理解生技產業，我們學到了科學知識和產業屬性。現在再來仔細了解，到底生技公司實際上是使用何種技術來開發藥物。

如圖表 3-1 所示，生技公司可以劃分為四大領域，其中的小圓是細胞與細胞核的相關公司。

首先，是被歸類為 CRISPR-Cas9 公司的 ToolGen、CRISPR Therapeutics、Intellia Therapeutics、Editas Medicine 等，會透過編輯 DNA 來治療罕見遺傳疾病。

這些公司擁有 CRISPR-Cas9 的使用權，正在進行「in vivo」（直接在體內投入藥物）和「ex vivo」（在體外投入藥物）的臨床試驗。CRISPR Therapeutics 正在進行 ex vivo 臨床二、三期，處於領先地位，計畫在 2022 年內完成臨床試驗，申請新藥批准。如果在 2023 年上半年基因編輯療法得到 FDA 的新藥批准，將成為創新生技股的巨大力量（按：於 2023 年 6 月，FDA 正式受理 CRISPR Therapeutics 的審查申請）。

Intellia Therapeutics 以 in vivo 的方式直接將基因剪刀投入

圖表 3-1　生技細節領域及相關公司

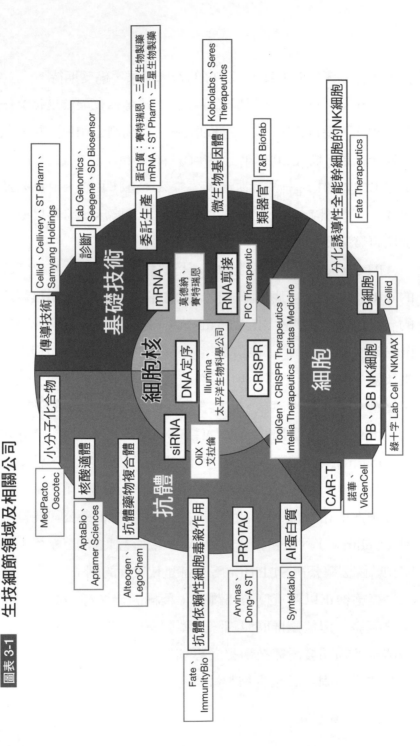

體內，在臨床一期中公布了良好的臨床結果，備受期待。

Editas Medicine 正以黑矇症（按：遺傳性視網膜退化）作為適應症，進行臨床一、二期的試驗，以高劑量和兒童為對象的臨床結果，將在 2022 年上半年內公布（按：於 2022 年 11 月公布 EDIT-101 的一、二期結果，雖然安全性良好，但療效並不佳）；韓國 ToolGen 則正以 2022 年進入臨床試驗為目標，加快研發速度。

PTC Therapeutics 的生物技術是剪接（splicing，在已轉錄的 mRNA 中只留下應轉譯成胺基酸的部分）從 DNA 錯誤轉錄的 pre-mRNA，製造出正常的 mRNA。許多罕見疾病的成因是 pre-mRNA 突變，為了開發出這類疾病的藥物，該公司利用平臺技術「剪接調節技術、剪接終止技術、轉譯調節技術」進行了超過 10 個的臨床試驗，也擁有已經批准的罕見疾病藥物。

也有公司開發出將 mRNA 搭載在脂質奈米微粒（Lipid Nanoparticle，簡稱 LNP）上，並在體內傳遞的藥物，就像新冠疫苗一樣，生產我們身體所需的蛋白質。美國的莫德納、最近宣布進軍 mRNA 疫苗開發領域的韓國生物製藥公司賽特瑞恩（Celltrion）、計畫投資 mRNA 原料生產計畫的三星生物製藥和韓國製藥公司 ST Pharm 等，都是代表性的例子。

莫德納正以新冠疫苗為跳板，積極開發多種疫苗；不僅獨自開發，還積極推展與國際大型製藥廠共同開發。mRNA 疫苗及藥物開發所需技術都受專利保護，因此莫德納的地位將會非常穩固。三星生物製藥透過委外生產服務（Contract

Manufacturing Organization，簡稱 CMO）來製造 mRNA 原料，擴大事業領域；賽特瑞恩則與美國生技公司合作，正加緊腳步獲得獨家技術來開發 mRNA 疫苗。

接著看左邊的 siRNA。siRNA 的藥物是去除生產過多或錯誤折疊結構的蛋白質，相關生技公司有美國藥廠艾拉倫（Alnylam）和韓國的 OliX。艾拉倫的藥物詠葆玖（Onpattro）是全世界第一個獲得新藥許可的 siRNA 療法，證明了 siRNA 的可能性。目前，該公司的三款罕見疾病藥物和一款高脂血症藥物等四款 siRNA 藥物獲得批准，是公認兼具穩定性和成長可能性的第一名併購對象。**這些 DNA 療法和 RNA 療法綜合起來，就是核酸療法。**

細胞療法

在細胞療法的領域中，可以看到開發 CAR-T 藥物祈萊亞（Kymriah）的諾華（Novartis）。CAR-T 以多種癌細胞的蛋白質為標靶開發而成，以血癌來說，有像祈萊亞這類以 CD19 和 B 細胞成熟抗原（B-cell maturation antigen，簡稱 BCMA）為標靶的藥物 Abecma 等。

包括祈萊亞在內，以 CD19 為標靶的 CAR-T 療法共有四種新藥獲得批准，針對 B 細胞成熟抗原的 T 細胞療法，Cilta-cel 最近也獲得最終新藥批准，兩種皆已商用化。固態瘤的藥物開發仍然很緩慢，目前以 HER2（Human Epidermal Growth

Factor Receptor 2，第二型人類上皮生長因子受體）和間皮素
（Mesothelin，讓細胞互相黏合，透過訊號能傳遞的蛋白質）
為標靶，正在積極研發。韓國公司 Curocell 以 CD19 和 B 細胞
成熟抗原為標靶開發血癌藥物，AbClon 則以 CD19 及固態瘤
HER2 為標靶。

接下來是 Fate Therapeutics，將基因重組後的誘導型多
潛能幹細胞（induced Pluripotent Stem Cells，簡稱 iPSC）
分化成 NK 細胞（natural killer cell，自然殺手細胞）；Sana
Biotechnology 同樣也是利用誘導性全能幹細胞製造低免疫原
性 T 細胞，尚未進入臨床試驗。

Fate Therapeutics 是世界級的 NK 細胞療法開發公司，在
美國擁有最多誘導性全能幹細胞的相關專利，正在開發現貨型
（Off-the-shelf，使用來自健康捐贈者的細胞）的 NK 細胞藥
物，因此獲得很高的溢價。不僅擁有細胞分化技術，甚至還有
基因重組技術，將業界最頂尖的融合技術結合在開發 NK 細胞
療法上。

韓國開發 NK 細胞療法的公司有 GC Cell 和 NK Max 等。
GC Cell 是綠十字 Lab Cell 和綠十字 Cell 合併後新成立的公司，
擁有 NK 細胞、T 細胞、成體幹細胞藥物管線。不僅如此，還
有委託開發暨製造服務（Contract Development Manufacturing
Organization，簡稱 CDMO）、細胞療法這些成長性高的搖錢
樹，是少見兼具成長性和穩定性的希望之星。

蛋白質、胜肽藥物

　　韓國的 LegoChem Biosciences 和 Alteogen 是利用蛋白質開發抗體藥物的公司。兩家都是韓國生物技術輸出的大功臣，在抗體藥物複合體領域具有全球競爭力。

　　抗體藥物複合體同時擁有尋找標靶的抗體和化學抗癌藥物的優點，LegoChem 在非臨床試驗中表現出比競爭者更卓越的治療效果。移轉給中國公司的技術，如果能在臨床一期證明良好的藥效和安全性，那麼不僅能提升平臺技術的價值，還會進一步提高輸出其他技術的可能性。

　　之前技術輸出累積的里程金開始流入，2022 年起，現金流也開始好轉。他們正在改變公司往後的成長策略，希望能自主開發較有可能性的管線來挑戰新藥，因此值得期待他們的長期高成長性。

　　蛋白降解靶向嵌合體（PROteolysis TArgeting Chimeras，簡稱 PROTAC）此一技術，利用了我們細胞中已經存在的回收系統，因為能克服癌細胞的抗藥性，所以是備受矚目的新技術。到目前為止，都沒有在目標蛋白上發現口袋（pocket）或結合位點，所以只是將極少部分的疾病成因蛋白質開發成藥物，而 PROTAC 的優點是能憑著很低程度的接觸，就分解目標蛋白質，不僅可以克服癌細胞抗藥性，還可以挑戰現有的藥物無法成藥（undruggable）之領域。

　　PROTAC 利用泛素蛋白酶體系統（ubiquitin-proteasome

system，簡稱 UPS），將多個泛素（ubiquitin）黏在細胞不需要的蛋白質上，之後由蛋白酶體粉碎、回收再利用。美國生物製藥公司 Arvinas 在臨床階段位居領先，韓國則仍處於開發初期，但很多公司對此技術的開發相當感興趣。

最近透過 AI 發掘出可以用來治療的藥物，大幅節省時間和費用，這類的研究正在迅速發展。最具代表性的是 Syntekabio，以及跟 AI 診斷相關的非上市公司 Lunit。AI 生技的競爭力不僅取決於程式設計（programming）技術，還取決於擁有多少優質數據，另外，藥物的研發成績也很重要。美國代表性的 AI 公司 Recursion Pharmaceuticals 不僅自行開發藥物，還與多個大型製藥廠共同開發合作，持續增加參考資料（reference）。

其他生物技術也是這樣，如果只看韓國的市場，AI 技術並沒有競爭力。在獲得優質數據和參考資料方面，韓國與國外的技術差距正在擴大，如果無法在初期表現出進軍海外市場的實力和果斷力，隨著時間的推移，成功的可能性只會越來越小。從這個角度來看，韓國非上市醫學 AI 軟體公司 Lunit 以具有競爭力的產品作為主要武器，積極進軍海外，並與主流的醫療器械公司進行技術合作，便展現出其可能性。

MedPacto 和 Oscotec 正在開發比抗體更小的小分子化合物藥物，抑制目標蛋白質活性。MedPacto 是由 TGF- β（Transforming Growth Factor beta，乙型轉化生長因子）的權威人士金成鎮所領導的潛力生技公司，正準備以免疫檢查點蛋白質低表現的大腸癌病患為對象，以 TGFR1（乙型轉

化生長因子 1）為目標的小分子藥物，搭配癌症新藥吉舒達
（Keytruda）進行臨床三期試驗。

雖然該公司因無償得到製藥公司默克（Merck）的吉舒達
而備受關注，但其他管線「非小細胞肺癌」病患出現致命的副
作用而影響了股價，公司的立場是，副作用起因於免疫抗癌藥
物，與該公司的 Vactosertib 無關。韓國開發的第 31 號非小細
胞肺癌新藥 Leclaza 的原開發商 Oscotec，在開發小分子化合物
技術方面是韓國最頂尖的，目前正在臨床開發自體免疫藥物和
抗癌藥物，但隨著臨床費用的增加，需要改善財務結構。

最後是製造出化學抗體的適體（Aptamer），Aptamer
Sciences 和 AptaBio 都在進行初期和中期臨床試驗。這些公司
若能在臨床二期時成功驗證適體的概念，將有望被評價為擁有
平臺技術的新公司。

藥物傳遞技術

現在，我們來探討一下開發前面列舉藥物所需要的基礎技
術「藥物傳遞技術」，以及其他新崛起的新技術。這些基礎技
術的創新將克服目前的技術限制，同時帶動生技產業的成長。

目前的傳遞技術還無法將大部分的核酸藥物傳送到目標細
胞，適應症相當有限。無論藥物有多好，如果不能傳達到目的
地就無法啟動，因此，傳遞技術是附加價值很高的技術之一。

新冠病毒疫苗之所以能在短時間內開發出來，是因為之

前開發詠葆玖的 siRNA 療法時，有使用過脂質奈米微粒作為載體的經驗。脂質奈米微粒包括維持磷脂、離子化脂質、PEG（聚乙二醇）、膽固醇等，還有讓 RNA 在安全抵達目標之前維持形態的細部技術，大部分相關的專利都歸 Genevant Sciences 所有。

韓國的 ST Pharm 引進了脂質奈米微粒的專利，也正在自行開發載體。韓國公司 Samyang Holdings 在開發自己的 mRNA 傳遞系統的同時，也與其他生技公司合作研發疫苗。

細胞外的小囊泡「外泌體」（exosome）的功能，是在細胞間傳遞資訊，它們會傳遞細胞蛋白質或 RNA 等多種大分子物質，改變受體細胞的功能。藥物傳遞系統會讓特定蛋白質能附著在外泌體表面，尋找到目標的組織。雖然這技術目前還處於開發初期階段，但由於生物相容性高，而且可以針對特定目標，因此備受關注。美國開發商 Codiak BioSciences 在臨床階段處於領先地位，韓國未上市生技公司 ILIAS Biologics 即將於 2022 年進入臨床階段並上市（按：以 2003 年 6 月為準，尚未上市）。

腺相關病毒（Adeno-Associated Virus，簡稱 AAV）的免疫原性相對較低，目前正在積極開發藥物載體（vector），但由於容量有限，所以技術開發的方向是讓藥物變得更小；其優點是注射一次後，幾年內都能發現基因，已經開發出腺相關病毒載體 Glybera 和 Zolgensma 這類的罕見疾病藥物。

細胞穿透（cell penetrating，簡稱 CP）是突破血腦屏障

（blood-brain barrier，簡稱 BBB）傳遞藥物至大腦的技術，目前只有不到 2% 的藥物能傳遞至大腦，因此迫切需要改善傳遞效率。韓國公司 Cellivery 正在試圖以獨門技術開發帕金森氏症的藥物，同時輸出技術；將在 2022 年 IPO 的 Biorchestra 開發的技術，則是將讓目標 mRNA 沉默的藥物 ASO（Antisense Oligonucleotides，反義寡核苷酸）有效傳遞至大腦，因此備受關注（按：以 2023 年 6 月為準，尚未上市）。

其他多種技術

賽特瑞恩和三星生物製藥在開發生物相似藥（biosimilar，生物醫藥領域的仿製藥）的同時，也為開發抗體的公司生產抗體。他們在同樣的領域擁有世界競爭力，後面會更詳細的闡述他們目前的事業結構和今後事業發展方向。

微生物基因體療法是利用我們身上的好菌研發大腸傳染病、異位性皮膚炎等自體免疫藥物和腦疾病藥物，其中 Seres Therapeutics 有望在 2022 年成為世上第一個被批准微生物基因體療法新藥的公司（按：於 2023 年 4 月，FDA 宣布批准其口服微生物療法 VOWST，並於同年 6 月正式上市），而韓國的 Kobiolabs 正在進行臨床二期。

腸道的微生物聚集了 70% 以上的免疫細胞，目前他們正利用腸道的微生物和免疫細胞資訊傳遞與功能變化的機制，開發癌症藥物和自體免疫藥物，如果 Seres Therapeutics 能成功獲

得新藥批准，將更加受到關注。微生物基因體療法還處於開發初期階段，生技強國之間技術差距不大，是可以確保世界競爭力的領域。

最後，專門製造類器官的生技公司 T&R Biofab，利用最近新崛起的生物 3D 列印，挑戰肝臟仿生體等人工器官。該公司令人印象深刻之處在於，在進軍誘導性全能幹細胞領域的同時，也擴大事業領域，目前在以 3D 列印生產多種三維硬質人工結構物方面擁有較高的技術力，在傷口敷料等軟料產品研究中也開始取得成果。

到目前為止，我們已經簡單的看過生技領域的現況。過去看似不可能實現的技術，在新科技的幫助下，能夠重新誕生為可使用的技術，還出現了之前沒有的新概念。前面提到的生物領域細節分類，也會隨著時間的推移發生變動，出現新形態。

在如雨後春筍般增加的基因與細胞療法臨床管線中，我們可以一起關注哪些技術會克服無數細節上的難關、發表優秀的臨床數據。

接下來，我們將探討最近備受矚目的生物技術中，最具創新性的幾種。

2 AI，最能發揮高附加價值

2021 年 11 月 4 日，美國控股公司 Alphabet 旗下的人工智慧公司 Google DeepMind，宣布正式成立 Isomorphic Labs，一間人工智慧藥品研發公司。DeepMind 就是開發出 AlphaGo，與李世乭（按：韓國圍棋九段棋士）對決圍棋而引起全世界關注的公司。

我對這件事印象很深，當時我看著電視，逐漸對 AI 產生敵意。沒有表情、沒有咳嗽聲的 AI，散發出絕對的強者氣勢，對弈越久，越是強化那種銅牆鐵壁般的生硬感。DeepMind 現在則拿著 Isomorphic Labs 的名片，正式進軍生技業。

這裡要問一個問題，為什麼 DeepMind 在眾多產業中選擇了生技業？正確答案是為了賺錢。我推測後得出的結論是，**AI 最能發揮並獲得高附加價值的地方就是生技**。看管理顧問公司普華永道調查各行業使用 AI 的排名數據，就能大致理解他們的動機。

從問卷調查結果中可見，最常使用到 AI 的領域是健康照護，具體內容大致是期待 AI 往後能被高度使用在分析病患數

據後，提供準確的診斷支援、早期發現潛在傳染疾病、醫療影像處理及診斷領域上。

　　儘管有些技術問題尚待解決，如數據使用權限相關問題，而且數據仍需整理和加工才能讓 AI 使用，但人體身上發生的體學（按：生物學中對各類研究對象的集合所進行的系統性研究，包括 DNA、RNA、蛋白質等）、心血管相關資訊、激素數值資訊等難以處理的龐大資訊正在不斷產出，這點就足以讓生技成為 AI 第一個感興趣的產業。

　　健康照護市場規模也是 DeepMind 的 AI 進軍的原因，**健康照護市場的規模，甚至超過韓國市價總額最大的三星電子的半導體市場和汽車產業**，兩者加起來的規模。AI 以科學實驗為基礎，以類似物（analogue）的方式發展，發揮鯰魚效應（按：透過引入強者，激發弱者變強），為現有的生技市場注入活力，有望大幅改善新藥開發方式，備受期待。

　　據說為了開發癌症、神經退化性疾病、罕見遺傳疾病的藥物，臨床試驗需要將近兩兆韓元，如果 AI 能有效解決臨床過程中各階段的問題，在節省費用方面帶來創新，就有資格分享附加價值。聽說目前 FDA 批准的新藥約有 40％ 與結構生物學有關，也就是與蛋白質的結構有關，因此今後 AI 的發展值得期待。健康照護市場很大，DeepMind 判斷 AI 能在新藥開發過程中降低高額費用，創造收益，因此創立 Isomorphic Labs，進軍生技產業。

　　那麼，究竟要用 AI 做什麼？這就要講回蛋白質了，用一

句話來說，Isomorphic Labs 就是要用 AI 挑戰結構生物學。生物學其中一個領域是結構生物學，以高解析度研究蛋白質這類生物聚合物的立體結構。

利用 AI，在電腦前操控結構生物學

試圖以生物分子為結構為基礎開發新藥，被稱為結構藥物設計（structure-based drug design，簡稱 SBDD），我們常說的抗體藥物，就是與設定為標靶的特定蛋白質結合，抑制（抑制劑）或活化（活性劑）蛋白質的功能來治療疾病。如果標靶蛋白質故障，就與其結合、抑制其功能，藉此治療癌症。

然而，抗體控制標靶蛋白的作用並沒有那麼容易。如果沒有關於標靶蛋白的具體資訊，也就是了解其結構，即使攻破了也很難達到目的，但只要我們能夠了解標靶蛋白的三維立體結構，就比較容易設計出結合力更強的治療物質。知道目標對象的長相後進行攻擊，和在完全不知道形狀的情況下衝進戰場，兩者的結果必然不同。

新冠病毒肆虐後，短短 5 週內就發現了新冠病毒的蛋白質結構，接著便進入疫苗的開發，結構生物學在這方面貢獻良多。2020 年美國 FDA 批准的 53 種藥物中，其中有 40％，也就是 21 種藥物，是利用蛋白質結構而研發的。從這一點上，可以具體感受到以結構為基礎設計藥物的重要性。

那麼，我們來看看目前蛋白質的結構，都用什麼方法研

究。目前使用 X 光繞射法和低溫電子顯微鏡來了解特定蛋白質的立體結構，X 光繞射法可直接看到立體結構，卻需要極其明亮的光線，因此採用同步輻射加速器，須耗費大量時間與金錢。但是 AI 卻對此下戰帖，暗示了另一種可能性，原本要在實驗室裡實驗和觀察的結構生物學，轉變為工程師在電腦前也能操控的 AI 結構生物學。

我們來複習一下前面學到的蛋白質生成過程。結構生物學的目的，是為了精準了解並預測蛋白質的三維結構，因此觀察蛋白質的生成過程必然重要。

簡單來說，可以把基因想成寫有製造蛋白質設計圖的核酸序列，mRNA 則等同於用一行字抄寫該核酸序列；細胞質的核糖體會將這樣製造好的 mRNA，每 3 個核酸轉譯成 1 個胺基酸，多個胺基酸結合成肽後，在內質網各種折疊酶的幫助下成為蛋白質。

以前的科學家為了了解蛋白質的結構，專注在分析由胺基

圖表3-2 蛋白質生產過程

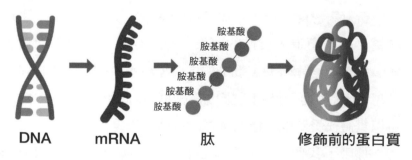

| DNA | mRNA | 肽 | 修飾前的蛋白質 |

酸組成的肽與蛋白質的關係。後來才知道，DNA 核酸序列會決定胺基酸的種類，並根據這些胺基酸的化學作用決定蛋白質的結構，於是開始從 DNA 中尋找預測蛋白質結構的方法。

一般的蛋白質由數百個以上的胺基酸組成，問題是胺基酸的種類多達 20 種。這些胺基酸分為易溶於水的極性和不溶於水的非極性，極性再分為帶電的胺基酸和不帶電的胺基酸。蛋白質是多種胺基酸以多種結合方式形成的三維立體結構，因此要預測其複雜性是一道難題，需要使用前面提過的高價設備。

DeepMind 在 AlphaGo 和遊戲《星海爭霸 II》（*StarCraft II*）上獲得一定程度的自信後，執行長德米斯·哈薩比斯（Demis Hassabis）為了解決科學問題，2018 年首次參加蛋白質結構預測學術比賽 CASP13。他們以 DeepMind 的 AI 演算法 AlphaFold 1 參加自由建模組（不提供模具），獲得了第一名，與第二名差距甚大，使業界大吃一驚。不僅如此，DeepMind 繼續以升級版的 AlphaFold 2 參加隔年的 CASP14，再次獲得眾人的關注（見下頁圖表 3-4）。

AlphaFold 2 結合了深度學習和張力演算法（tension algorithm）的技術（先匹配胺基酸群的小部分後，再結合成大的部分），大幅改善了預測能力。DeepMind 受到成績鼓舞後，很有自信的表示：「往後可以迅速應對新冠病毒等傳染病，在開發完美結合蛋白質口袋或縫隙的新藥方面，也充分能取得成果。」

另外，還發表了今後訓練 AlphaFold 的計畫，讓在細胞內

圖表3-3　胺基酸生成和胺基酸分子結構

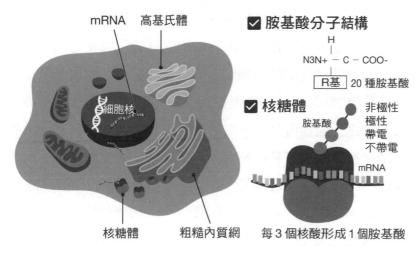

☑ 胺基酸分子結構

$$N3N+ - C - COO-$$

H

R基　20 種胺基酸

☑ 核糖體

非極性
極性
帶電
不帶電

胺基酸

mRNA

每 3 個核酸形成 1 個胺基酸

mRNA　高基氏體

細胞核

核糖體　粗糙內質網

圖表3-4　DeepMind 在 CASP 競賽中的成績

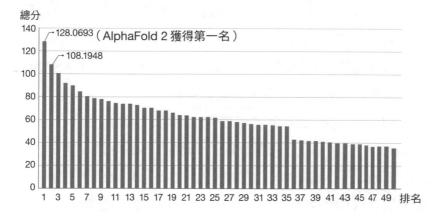

總分

128.0693（AlphaFold 2 獲得第一名）

108.1948

排名

來源：CASP14（2020年）。

執行核心功能的蛋白質複合體結構得以公開。AlphaFold 不僅可以預測單一蛋白質結構，還能透過多重排列，分析蛋白質複合物之間相互作用的胺基酸序列，這意味著相互作用的蛋白質複合物結構，也具有一定程度的可預測性。

業界對 DeepMind 的成果讚不絕口，過去需要花上幾年才能完成的工作，縮短為短短幾天。哥倫比亞大學（Columbia University）研究生物分子機器學習的教授穆罕默德‧艾爾克賴希（Mohammed AlQuraishi）也在自己的推特（Twitter）上寫道：「蛋白質結構預測研究已經得出結論，雖然還有其他該解開的課題，但核心問題已獲得解決。」

不過，業界也接著對此給予了冷靜的評價，表示這成果僅限於預測蛋白質折疊。艾爾克賴希則評論道：「AlphaFold 的成果不是針對所有蛋白質，而是針對單一領域，而且也有幾個錯誤的預測結果，因此，邊角案例（corner case，根據環境變數或條件發生的問題）仍然存在。」

另外，也有意見表示，AlphaFold 是學習模型，所以還要繼續與其他方法比較，經過多次證明。整體來說，大家的反應是，雖然這是非常了不起的進步，但仍有待觀察。有些研究者則從完全不同的角度表示擔憂，認為 DeepMind 提供非開源程式，試圖利用科學家們自由共享的研究數據來創造收益。

總的來說，這雖然是很了不起的成果，但其範圍狹窄，實際應用到人體時是否能正常運作，需要進一步觀察。同時，業界一致要求 DeepMind 盡快公布相關論文，並要求開源；不過

DeepMind 並沒有對此表現出明確態度，反倒引起分享開源文化的 AI 研究者的反感。具有商業色彩的 Alphabet 的子公司，忠於原本追求利益的目的，要搭配風格完全不同的開源文化與路線，並沒有想像中容易。

利用商業化策略刺激對手

DeepMind 的曖昧態度和業界的反感，促成了 RoseTTAFold 誕生。RoseTTAFold 是華盛頓大學（University of Washington）以化學和生物工程為基礎的 AI。

2021 年 7 月 15 日，華盛頓大學在期刊《科學》（*Science*）上發表論文，內容是成功利用 RoseTTAFold 解讀蛋白質，湊巧的是，一直沒有明確立場的 DeepMind 同一天也在期刊《自然》（*Nature*）上發表論文。

從某種角度上來說，或許 RoseTTAFold 之所以能夠登場，是因為 DeepMind 還沒確定 AlphaFold 2 的論文公開日期。即使 DeepMind 不公開論文，只要學術界出現一個 AlphaFold 2，研究學者也可以享受最新技術，而這就是 RoseTTAFold 的開發動機。我們可以視為兩者互相刺激著彼此。

DeepMind 公開論文並開源一週後，開放以 AlphaFold 2 預測蛋白質結構的資料庫網站，該資料庫提供了兩萬個人類蛋白質，包含 20 種生物的 35 萬個蛋白質結構數據。輸入想找的人類蛋白質，即可獲得人類蛋白質結構 98.5% 的三維結構蛋白

質圖示。聽說，DeepMind 以蛋白質資料庫的 17 萬筆資料為基礎，對胺基酸序列和結構深度學習後，才獲得這些結果。

回到 RoseTTAFold，儘管已經有性能卓越的 AlphaFold 2，但 RoseTTAFold 之所以備受關注，是因為他們在沒有谷歌（Google）高水準 AI 專家和基礎設備的情況下，竟能開發出僅次於 AlphaFold 2 的蛋白質結構預測 AI。RoseTTAFold 的開發團隊不是由 AI 專家，而是由化學或生物學專家組成。

負責主導該團隊的韓國博士白敏京表示：「以前 CNN（Convolutional Neural Networks，卷積神經網路）只重視側面的像素，但是為了掌握蛋白質結構，需要遠距離的資訊，如果利用注意力機制（Attention），就能看到整體投入資訊，根據關聯度調整所得到的資訊。」

換句話說，不只是重視旁邊連接的胺基酸，而是胺基酸相關的整體資訊都很重要，這種嘗試可說是提升性能的祕訣。

聽說，RoseTTAFold 還進一步驗證了能用在新藥開發上的標靶蛋白結構預測效能。它可以掌握各種蛋白質之間是否有相互作用，還發現能製造出適合活性或惰性結構的模型；據說，有一百四十多個研究小組都下載來使用。

未來，RoseTTAFold 很可能就會和 Isomorphic Labs 一較高下。DeepMind 在生技領域創造了另一波創新，打開了新的領域，而 AlphaFold 和 RoseTTAFold 在蛋白質結構預測領域站上競爭跑道，刺激產業加速發展。隨著時間的過去，DNA 和蛋白質之間的關係將更加明確，並對製藥產業帶來巨大影響。

3 生物相似藥：和原廠相比、藥效絕不遜色

　　賽特瑞恩和三星生物製藥，具有開發世界級生物相似藥的能力，是韓國代表性的生技公司。在市價總額或投資規模銷售額等方面，他們都具備世界競爭力，不同於其他生技公司的級別，受到很多投資人關注。

　　但是，如果實際上問散戶「什麼是生物相似藥」，很少有人能正確回答，通常會籠統的說：「是不是就是做得和原廠（original）差不多？」其實，這樣說也沒錯，**生物相似藥指的是仿造原廠的生物醫藥結構、幾乎同樣的藥品，藥效也不會較為劣質。**

　　仿製藥（generic drugs）是製作出跟專利到期的化學藥品一模一樣的藥，生物相似藥則是**模仿蛋白質藥品後製作而成。**不同之處在於，仿製藥是結構和分子量較小的化學合成藥物，生物相似藥則是結構大、較複雜的蛋白質。

　　仿製藥的結構和分子量較小，可以透過化學方法合成生產，但生物相似藥過於複雜，根本無法由人類獨力合成生產。因此，為了製造生物相似藥，會藉助其他生物的力量，那就是

CHO 細胞（按：中國倉鼠卵巢細胞）。如果將能產出人類所需蛋白質的基因放入 CHO 細胞中，CHO 細胞就會自行製造蛋白質藥物。當然，還是要提供適合的溫度和 pH 值等 CHO 細胞可以運作的環境。

要將人類基因植入 CHO 細胞，會利用到前面學到的 4 個生物創新基礎技術之一——重組 DNA 技術，藉此將能製造藥物的人類基因，植入存在於染色體之外的小型環狀質體上。而且，如果是植入大腸桿菌或 CHO 細胞，細胞就會增殖，大量生產蛋白質藥物，只需要純化細胞中的目的蛋白質，作為藥物使用即可。

講到這裡，我們來仔細看看將人類基因植入 CHO 細胞後，CHO 細胞會如何生產蛋白質，順便複習前面學過的內容：人類基因放入質體後會轉錄 mRNA，mRNA 在核糖體中被各種折疊酶折疊成三維結構而出現形狀，但到這裡，還不是完美的蛋白質，因為還要移動到高基氏體修飾，決定以後要在什麼地方發揮何種作用。要用糖或脂質修飾完成，才能成為完整的蛋白質。

研究學者為了確認修飾和蛋白質功能的關聯性，就在去除修飾蛋白質的糖之後觀察動向，而其結果顯示，蛋白質失去了原來的功能。所以，修飾不單純只是為了形狀，而是左右蛋白質功能的重要條件之一。即使組成的胺基酸序列相同，也會根據細胞的種類、生產條件，轉譯後變形的過程而有所不同，是非常精密的工作。因此，決定生產光照、儲存溫度、pH 值和

圖表 3-5　重組 DNA 技術原理

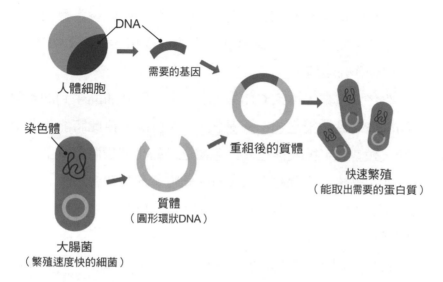

DNA

需要的基因

人體細胞

染色體

重組後的質體

快速繁殖
（能取出需要的蛋白質）

大腸菌
（繁殖速度快的細菌）

質體
（圓形環狀DNA）

圖表 3-6　蛋白質藥物生產過程

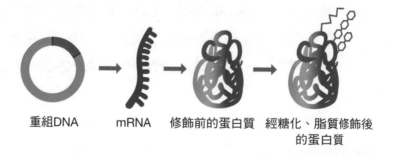

重組DNA　　　mRNA　　　修飾前的蛋白質　　經糖化、脂質修飾後
　　　　　　　　　　　　　　　　　　　　　　　的蛋白質

※光照、儲存溫度、pH 值、鹽的濃度，也會影響過程。

圖表 3-7 原廠藥物和生物相似藥的差異

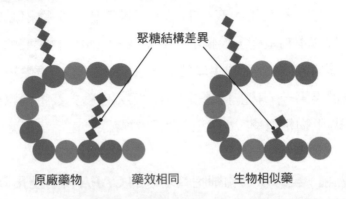

聚糖結構差異

原廠藥物　　　　藥效相同　　　　生物相似藥

鹽的濃度，都是不可或缺的細節。

在圖表 3-7 中，左側是原廠藥物，右側是生物相似藥，兩者非常相似，難以區分差異。胺基酸的組成和折疊結構幾乎完全相同，但在修飾上存在差異。從聚糖（修飾）結構來看，原廠藥物有四個，生物相似藥有兩個。儘管如此，藥效依然不差，可以將其視為藥物。

三星生物製藥 vs. 賽特瑞恩

2021 年年末，哺乳動物細胞培養廠房的世界排名前三分別是羅氏（Roche）、三星生物製藥和瑞士製藥化工龍頭龍沙（Lonza）。緊追在後的依序為中國藥明生物技術、富士軟片（FUJIFILM）、賽特瑞恩，他們以快速增設 CAPA（Capacity，生產設備）領先，擠入新的前 10 名，將來排名仍

會不斷改變。

　　三星生物製藥和賽特瑞恩，以世界級的生物相似藥開發經驗和資本為基礎，大膽增設 CAPA。三星生物製藥的 4 個工廠，擁有 62 萬公升的生產能力，在委託生產抗體生物藥品中位居世界第一，計畫將增設第五、第六工廠。賽特瑞恩目前擁有 5 個生物相似藥、6 個正在開發的管線，在第三工廠竣工時

圖表 3-8　全球以動物細胞為基礎的 CAPA 排名及預測

公司（國家）	2021 年排名	2025 年排名（預測）
羅氏（瑞士）	1	1
三星生物製藥（韓國）	2	2
龍沙（瑞士）	3	3
百靈佳殷格翰 （Boehringer Ingelheim，德國）	4	6
百健（Biogen，美國）	5	10
諾華（瑞士）	6	—
賽諾菲（Sanofi，法國）	7	—
嬌生（Johnson & Johnson，美國）	8	7
必治妥施貴寶 （Bristol Myers Squibb，美國）	9	—
安進（Amgen，美國）	10	9
藥明生物技術（中國）	—	4
富士軟片（日本）	—	5
賽特瑞恩（韓國）	—	8

來源：韓國製藥協會。

CAPA 的生產將達到 20 萬公升，第四工廠計畫規模為 20 萬公升，今後還會高度成長。

此外，世界級的技術力、快速的決策、果斷的執行力也是三星生物製藥和賽特瑞恩領先眾人的原因。

三星生物製藥和賽特瑞恩雖然同樣都是生產抗體藥品，但事業結構上有很多不同之處，我們來比較看看兩間公司的事業部門和其特徵。

抗體藥品公司一：三星生物製藥公司

三星生物製藥的事業結構大致分為三個部門，包括生產抗體藥物的委託生產部門、開發細胞株（具有相同遺傳特徵的細胞系統）及提供藥品生產工程服務的委託開發（Contracted Development Organization，簡稱 CDO）部門、生產 mRNA 等核酸療法原料的基因與細胞療法部門。

委託生產部門在第四工廠竣工時，將擁有 62 萬公升的 CAPA，並生產子公司三星 Bioepis 開發的生物相似藥，或接受其他生技公司的訂單。

委託開發部門的目標是提供一站式服務，生技製藥公司或生技公司負責新藥所需的細胞株開發或物質生產、藥品成品（drug product）、臨床試驗委託等。為了提供有競爭力的服務，還在舊金山設立了研發中心。

委託開發部門的另一個功能是，若得到委託人的認可，其

他顧客自然會前來委託。開發新藥等同在與時間賽跑，如果在療效或副作用方面沒有太大的差異，那麼以商業的角度來說，搶占先機很重要。三星生物製藥公司懂得事先思考和應對可能發生的問題，且擁有卓越的能力，能比其他公司更早提供高品質的產品和服務；未來，他們亦將以此為基礎，進一步擴大新藥開發的客戶。

　　基因與細胞療法是全新的領域，三星將會改造目前委託生產的第一、第二、第三工廠的一部分來生產 mRNA 原液，待第五、第六工廠竣工，基因與細胞療法的 CAPA 將大幅擴增。最近基因療法管線劇增，mRNA 疫苗迅速成長，siRNA 也一樣，不僅限於罕見疾病，慢性疾病藥物亦獲得新藥批准，進一步擴大市場，因此該公司的長期成長性非常明確。但是，主要核酸療法的核心技術依然受限於專利，確保生產和開發所需的技術及人力，仍然是今後的主要課題。

　　另外，之前為了開發生物相似藥而與美國腦神經退化性疾

圖表 3-9 　**三星生物製藥事業結構**

委託生產	委託開發	基因與細胞療法
抗體藥物 （62萬公升） －第一工廠 －第二工廠 －第三工廠 －第四工廠	細胞株開發及 藥品生產工程服務 －舊金山研發中心	mRNA、siRNA －第一、第二、第三 工廠（mRNA原液 設備）改造 －未來的第五、第六 工廠

病藥物開發商百健，共同創立三星 Bioepis，後來三星生物製藥公司收購了所有股份，讓決策更順利，更能說服大眾「三星正式投入新藥開發事業」。製藥生物產業不僅需要很長的時間開發新藥，還需要大量人力和開發技巧，很難在短期內縮小與領先集團的差距。因此，如果三星正式進入新藥開發市場，以大規模資金併購生物製藥公司，將是最明智的方案。

抗體藥品公司二：賽特瑞恩

　　在韓國公司中，最先開拓生物相似藥市場的公司就是賽特瑞恩。賽特瑞恩目前獲得 5 種生物相似藥的許可並進行銷售，最近他們從靜脈注射（IV）進步到皮下注射（SC），早一步推出方便病患使用的新劑型產品，證明他們的技術實力。

　　賽特瑞恩和三星生物製藥同樣擁有 3 個事業部門，但風格完全不同。除了委託生產部門外，他們目前正在強化生產和銷售化學藥品的全球化學計畫（Global Chemical Project，簡稱 GCP）部門，在賽特瑞恩的未來展望中也明確提出這點，除了次世代生技藥品之外，同時也在建構化學藥品開發業。

　　賽特瑞恩在清州擁有化學醫藥工廠。2020 年收購了日本大型製藥廠武田在亞太地區主要照護（Primary Care）事業部門的 18 個產品，正構築自己的全球流通網，也可以解釋為這是在全世界化學藥品市場中獲得主導權的策略之一環。

　　從武田手中收購的藥品是能持續成長的產品，不僅可以為

日後的銷售成長率增加做出貢獻，也是賽特瑞恩進軍新事業時穩固的搖錢樹。

再來是新藥開發部門。以新冠病毒抗體藥物 Regkirona 為開端，賽特瑞恩超越生物相似藥，正式投入新藥開發，將最近備受矚目的抗體藥物複合體選為新成長的動力，並且持有抗體藥物複合體開發公司 Iksuda Therapeutics 17.79％ 的股份。抗體藥物複合體的結構結合了抗體和藥物，能發揮賽特瑞恩在生產抗體方面卓越的優勢，同時還可以與現有事業產生綜效，非常有利。

賽特瑞恩目前也在構建 mRNA 疫苗平臺，作為另一個新藥開發事業，2020 年與美國 TriLink BioTechnologies 攜手合作，不僅擁有新型冠狀變種病毒變異型的疫苗，還擁有開發抗癌疫苗所需的 RNA 技術。

他們計畫要擁有包括次世代加帽（capping）技術在內的

圖表 3-10　賽特瑞恩事業結構

委託生產	全球化學計畫	新藥開發
擁有 5 個生物相似藥、6 個正在開發中 －第一工廠（cGMP） －第二工廠（cGMP） －第三工廠（增設中）	－收購武田事業部門 －化學藥物（清州）	－抗體藥物複合體新藥開發 －新冠病毒抗體藥物 －mRNA 疫苗平臺

RNA 開發原創技術，具備 mRNA 生產技術，開發疫苗管線，也自行生產臨床所需的治療物質。

目前為止，我們比較了三星生物製藥和賽特瑞恩的事業結構。雖然主力事業都是生產抗體藥物的委託生產事業，但在其他事業的表現上有明顯的差異。三星生物製藥公司至今還沒有正式投入新藥開發，仍致力於生產具有高成長性的核酸療法原料，為下個階段做準備。

但是，為了能成長為大型製藥廠，必須進軍高附加價值的新藥開發事業的巨大市場，因此可以想見，兩家公司的事業結構將會在擴廠後重新聚焦。

4 CRISPR-Cas9，專門治療罕見疾病

　　美國 Intellia Therapeutics 擁有 CRISPR-Cas9 的技術，首次進行將基因剪刀直接放入人體切除特定基因的 in vivo 臨床試驗。由於各種遺傳疾病的原因大多是由基因變異所引起，因此為了從根本上治療，編輯基因的 CRISPR-Cas9 技術正在成為新的替代方案。而想了解 CRISPR-Cas9，首先必須知道基因如何組成。

　　前面提到，細胞核中有 23 對染色體，DNA 雙股密密麻麻的纏繞在組織蛋白上，要生產特定蛋白質時，會讓該基因表現，轉錄至 mRNA，然後在核糖體中生成蛋白質。

　　但是，萬一基因異常，會發生什麼事情？這時，我們得先看看何謂基因異常。

　　DNA 由兩股核酸序列組成，在 DNA 特定區間的遺傳資訊稱為基因，基因的遺傳資訊代表核酸序列的順序。可是，萬一這個核酸順序顛倒、遺漏、重覆，或出現兩個基因等突變狀況，那麼基因製造的蛋白質當然會呈現異常。常見的蛋白質異常是蛋白質畸形、過量生產或是沒有生產，這些都是罕見疾病

的主要原因。

　　NGS 是了解我們體內細胞中整個或特定區間的 DNA 核酸序列的方法。當我們要掌握遺傳疾病的原因，也就是基因變異，並編輯基因時，就要查出基因序列，清楚了解是哪一個基因的哪裡突變。

　　舉個例子，假如你知道那座遙遠的山上有野獐、也有兔子，卻不知道牠們確切的位置，也沒有槍能準確射中，有一天你有了望遠鏡，可以透過望遠鏡確認，而且沒過多久，又有了可以射殺獵物的槍，可以瞄準獵物射擊。總結起來，這代表可以**透過 NGS（望遠鏡）快速發現細胞核中的基因序列，並用 CRISPR-Cas9（槍）剪斷**。

　　以前開發的基因剪刀需要大量時間和成本，來製作出結合特異性高的蛋白質，而第三代基因剪刀 CRISPR-Cas9 解決了這些問題。CRISPR-Cas9 由剪斷 DNA 的 Cas9，以及能找到目標核酸序列並確認的 gRNA 組成。

　　確認了我們體內的基因序列後，現在將 CRISPR-Cas9 傳遞到基因突變的細胞，將兩個重複的基因剪掉一個吧！目標基因的核酸序列是「AAAGGGTTCC'N'GG」，我們想要用 CRISPR-Cas9 來切割，而「N」這個位置可指 A、G、C、T 中任何一個核酸。

　　從第 133 頁圖表 3-12 中可以看到，CRISPR-Cas9 進入細胞中接近目標基因，確認 PAM（幫助 Cas9 辨識並切割 DNA）之後，對照 gRNA 的核酸序列和目標基因的核酸序列

圖表 3-11　CRISPR-Cas9 能校正核酸序列

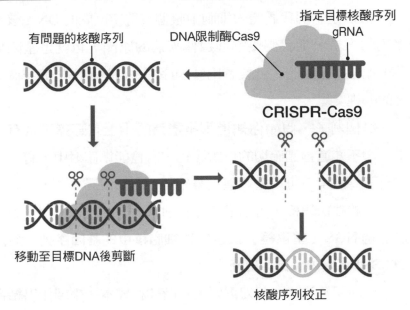

（核酸結合部位）。

　　如果 gRNA 的核酸序列與目標基因的核酸序列互補，Cas9 就會將 DNA 切割成切割結構域。這些被剪斷的基因，兩端會被插入任意核酸序列、或是兩端的核酸可能會被除去，有很高的機率會喪失基因功能。

　　順帶一提，為了在細胞內以 CRISPR-Cas9 編輯特定基因，會把能夠製造 gRNA 和 Cas9 的 mRNA 裝在載體上傳遞至細胞。正如前面所述，mRNA 進入細胞後，會在核糖體中產生 Cas9 蛋白質，並與 gRNA 結合為 CRISPR-Cas9 來發揮作用。

圖表 3-12　**CRISPR-Cas9 的運作原理**

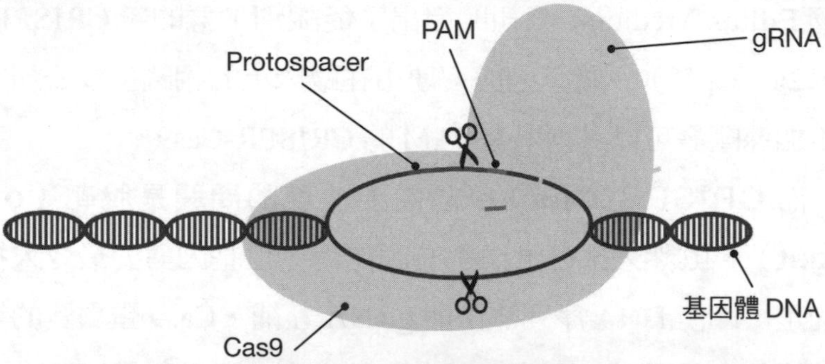

來源：Rainha, J.;Rodrigues,J.L.;Rodrigues, L.R.（2021 年 11 月 13 日），'CRISPR-Cas9: A Powerful Tool to Efficiently Engineer Saccharomyces cerevisiae. Life'。

可編輯基因，但能鎖定的對象有限

　　儘管 CRISPR-Cas9 被視為可以按照需求編輯任何基因的魔杖，但事實上，其功能仍然停留在基因編輯。美國擁有 CRISPR-Cas9 技術的 3 間公司都在進行臨床試驗，確保基因在被切斷後，不會產生不正常的蛋白質。為了能依照需求編輯基因，就必須讓 CRISPR-Cas9 準確抵達目標基因核酸，並將突變核酸替換為我們想要的核酸，但目前仍存在技術上的限制。

　　首先，**CRISPR-Cas9 可以鎖定的對象有限**。為了使其找到目標基因，Cas9 要先識別作為告示版的目標基因 PAM，但目前 Cas9 可識別的 PAM 僅限於 NGG（緊接在後的 3 個核苷酸序列），所以周圍要有許多 NGG 的基因才能以 Cas9 切割，在 T、C、A 位點上都無法發揮作用，這就是它的限制。

以這個結果來說，很難進行核酸單位的基因編輯。因此，美國 Editas Medicine 公司開發出了能識別 T 群的新 CRISPR-Cas12a（Cpf1）。將基因剪刀運用在臨床上的相關生技公司，都正加速開發可以識別所有 PAM 的 CRISPR-Cas9。

而 **CRISPR-Cas9 目前需要改善的問題是脫靶（off target）**。雖然大部分療法都有副作用，但基因剪刀最令人擔憂的是，即使 DNA 序列無法與 gRNA 互補，Cas9 蛋白質的切割功能仍會啟動，一不小心就會危及生命。目前科學家正在改變 Cas9 胺基酸序列，以提升準確度，使其仰賴 gRNA 和 DNA 之間的特異性。

所謂的脫靶，就是 gRNA 與目標 DNA 不一致的允許範圍大於兩個核酸，導致框架錯位，造成切割位置正確度降低的偏誤。CRISPR-Cas12a 改善了這些問題，誤差允許範圍小於或等於兩個核酸，切割位置的準確度也相當精準，框架完美對齊。

擁有 CRISPR-Cas9 專利的 ToolGen 從 KONEX（按：韓國中小企業股票交易市場）轉移到 KOSDAQ（按：韓國創業板市場）上市，ToolGen 發表論文提到，讓 CRISPR-Cas9 產生多種變異，透過定向演化（directed evolution，開發酵素新功能的重要技術）的實驗方法，使 CRISPR-Cas9 達到最佳化，大幅改善脫靶效應，也取得了專利。

如前面所述，目前 CRISPR-Cas9 僅具有基因切割功能。Editas Medicine 的創始人、麻省理工－哈佛博德研究所（Broad Institute）的生物學家劉如謙（David Liu）開發出先

導基因編輯（prime editing），可以在剪斷基因後進行校正。

先導基因編輯由 pegRNA（prime editing guide RNA）、修飾過的 Cas9 以及反轉錄酶組成。看似複雜，其實很簡單，pegRNA 與目標 DNA 的核酸序列互補結合，CRISPR-Cas9 中的 gRNA 和反轉錄酶包含作為模板的 template RNA。Cas9 會剪掉目標 DNA 的雙股，而先導基因編輯只會剪掉一股，然後用反轉錄酶製作想要校正的核酸序列，不再需要的現有核酸序列就會被剪掉，以此校正突變基因。

我們在前面學過轉錄，是從 DNA 聚合成 mRNA 的過程；反過來說，從 RNA 反聚合為 DNA 的過程稱為反轉錄。可以理解成，如果同時加入反轉錄酶（蛋白質），就會產生所需要

圖表 3-13 先導基因編輯的組成及反轉錄進行模式

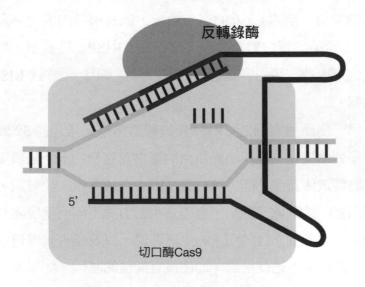

的 DNA 核酸序列。

至於近年來科學家的研究方向，主要聚焦於縮小 CRISPR-Cas9 的尺寸。聽說 CRISPR-Cas9 的體積滿大，很難傳遞到目標細胞。為了改善這個問題，2020 年獲得諾貝爾化學獎的教授道納表示，她 2018 年創立的 Mammoth Bioscience 正在使用比現有尺寸少約一半的超小型 CRISPR-Cas 系統，來開發基因療法及診斷技術。不僅如此，美國史丹佛大學（Stanford University）也開發了比現有 CRISPR-Cas 系統中使用的 Cas9、Cas12a 還小一半的迷你 dCas12f。

基因編輯以外的其他應用方式

CRISPR-Cas9 技術除了基因編輯，在各種生技領域也有應用的價值。消除 Cas9 的剪刀功能，使其與基因表現必需的 RNA 聚合酶等蛋白質結合後，可作為 CRISPR 抑制劑；相反的，也可與特定蛋白質結合，表現特異性基因，作為 CRISPR 活化劑。

另一個應用案例是 CRISPR 表觀遺傳學。染色體 32 億個核酸序列纏繞在一種叫組織蛋白的蛋白質複合物上，組織蛋白負責表觀遺傳調節功能，可以讓基因表現或沉默。比方說，擁有相同基因的同卵雙胞胎，會因為生活方式不同而呈現完全不同的面貌，差別來自於兩人的生活習慣，以及是否管理健康等表觀遺傳環境；也就是說，即使擁有同樣的基因，如果因於菸酒

圖表 3-14　**CRISPR-Cas9 的各種功能**

喪失切割功能的
CRISPR-Cas9
發揮抑制聚合酶的作用

喪失切割功能的
CRISPR-Cas9
發揮活化作用

組織蛋白

喪失切割功能的
CRISPR-Cas9
甲基化

喪失切割功能的
CRISPR-Cas9
表觀遺傳學（乙醯化）

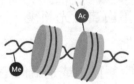

組織蛋白

可誘導的 CRISPER
與能以光調節的蛋白質
成為一對發揮功能

藍光

活化因子功能

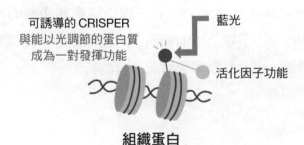

組織蛋白

等不良習慣，使得 DNA 和組織蛋白之間的表觀遺傳調節環境出現裂痕，也可能會造成不同影響，如蛋白質異常表現或抑制等，因而引發疾病。

Cas9 消除剪刀功能後，可以跟表觀遺傳調節因子結合，在目標 DNA 中添加甲基（-CH3，用來包覆基因）來抑制目標基因的表現，或者在組織蛋白上添加乙醯化（COCH3）來促進 DNA 表現，如此作為表觀遺傳調節因子。如果 DNA 被甲基化並牢牢束縛在組織蛋白上，讓基因表現的蛋白質或聚合酶就會難以接近，自然就能抑制表現。

至於可誘導的 CRISPR（inducible CRISPR），則由消除切割功能的 Cas9、活化因子及光照射後可調節的活化因子開關蛋白質組成。開關蛋白質受光照後，活化因子會與 DNA 結合，誘導目標基因活化。目前，科學家正利用這種技術開發能抑制癌細胞分裂的癌症藥物，或是調節細胞的鈣離子通道來開發神經藥物。

這樣的 CRISPR-Cas9 技術與 NGS 並列為生技創新的主角，對於之前無法著手的領域，提供了嶄新多樣的治療形式（modality），不僅為以前認為不可能治療的罕見遺傳疾病增加了可能性，在食品領域也掀起一股創新。

5 mRNA 和 siRNA，
疫情期間成長速度最快

　　因為新冠病毒，我們突然對 mRNA 一詞變得很熟悉，那麼，到底什麼是 mRNA 技術？只要把它想成是為了製造蛋白質而複製DNA的傳令兵就行了。其原理是，**當我們的細胞無法製造出非常需要的蛋白質時，就會將 DNA 影本 mRNA 當成藥物放入細胞中，核糖體就能製造出需要的蛋白質。**

　　以新冠病毒的 mRNA 疫苗為例，我們的身體是第一次遇到新冠病毒，所以沒有基因能產生抗體來擊退病毒。沒有 DNA 當然就不能製造 mRNA 和抗體蛋白質。為了製造出能夠打敗新冠病毒的抗體蛋白質，現在只要製造可以編碼（coding）出新冠病毒突起部分——棘蛋白——的 mRNA，然後放入體內，我們的細胞就會轉譯 mRNA，生產棘蛋白。

　　免疫系統 B 細胞看到棘蛋白（新冠病毒的部分蛋白質）出現後，嚇了一跳，便與棘蛋白結合，製造出可以使其失效的中和抗體來應對。B 細胞應對後會有一部分長期留在體內，作為記憶細胞，應對新冠病毒的入侵。

　　那麼，讓我們整理所有之前學到的生物知識，仔細了解一

下什麼是 mRNA 和 siRNA 技術，以及有什麼不同之處。

正如前面所學到的，如果 DNA 有問題，出現基因突變，就無法製造想要的蛋白質，也可能出現畸形或過多蛋白質，這麼一來，就會造成嚴重的罕見疾病。之前學到的是，雖然已經在研究以 CRISPR-Cas9 治療的方法，但仍處於初期臨床階段；為了擴大治療範圍，還有一些必須排解的問題。其實，這種因基因突變而引起的罕見疾病，還有其他可以治療的核酸療法，亦即 mRNA 和 siRNA。

siRNA 的運作原理

細胞生產 A 蛋白質的過程，可以用這個方式比喻。假裝這裡有一間圖書館，在圖書館的大房間裡，兩邊排著 23 格高的書櫃。我們要製造機器人（蛋白質），雖然有 A、B、C 三種機器人，但現在必須製造 A 機器人，於是從書櫃的許多書中，選出寫有製作方法的《A 機器人》一書，然後用圖書館的影印機，將 2,000 頁全部影印（轉錄）出來。離開圖書館後，前往機器人工廠，把書的影本拿給工廠看，工廠就能製作（轉譯）出 A 機器人。

不過，要是 DNA 突變導致基因核酸序列有問題，會怎麼樣？用上述比喻來說明，就是書的內容有問題，影本同樣也寫錯了製造機器人的方法。因為是參考錯誤的說明書來生產，機器人當然也是瑕疵品。也就是說，突變 DNA 會生產帶有錯誤

圖表 3-15　DNA、RNA 和蛋白質的工作原理

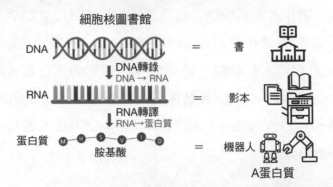

訊息的 mRNA，進而生產出畸形蛋白質。

如果將 A 蛋白質 siRNA 藥物送往目標細胞，那麼在 A 蛋白質（A 機器人）的書籍影本傳遞到工廠的過程中，它就會用剪刀剪斷，不讓 A 蛋白質生產。

值得注意的是，我們製造的 siRNA 藥物具有特異性，僅針對 A 蛋白的 mRNA，而不是 B 蛋白或 C 蛋白。

mRNA 的運作原理

既然已經理解了 siRNA，現在就來談談 mRNA 吧！

再回到圖書館的類比，這次，我要做一個 R 機器人，但是圖書館書櫃上的書都找遍了，卻沒有關於 R 機器人的書。既然沒有書，那當然就不能聚合影本（mRNA），也沒有東西可以給工廠（核糖體）看。

那該怎麼辦才好？圖書館沒有書沒辦法影印，那新藥開發公司幫忙製作影本 mRNA，再放進細胞內不就行了嗎？

將影本搭載在脂質奈米微粒的載體上，送入細胞內，mRNA 就會進入核糖體，轉譯成我們想要的蛋白質（R 機器人）。也就是說，mRNA 技術是一種核酸療法，製造出影本 mRNA 後再放入細胞內，讓細胞即使沒有該基因的書籍，也可以生產蛋白質。

mRNA 創新的先驅——莫德納

在新冠病毒發生之前，mRNA 疫苗還只是一種概念，並沒有製作成藥物物質。2019 年，在 mRNA 疫苗領域最領先的莫德納也還在進行臨床二期試驗，只是表現出了可能性，誰也無法保證結果。

最大的問題是，RNA 進入血液後容易被降解。不過，在研發疫苗的過程中，RNA 物質開發速度快的優點被突顯出來。再加上，全球第一的 siRNA 公司艾拉倫曾使用脂質奈米微粒作為 RNA 的載體，因此莫德納使用這技術，在與傳染病分秒必爭的戰鬥中及時反應，引起了世人的關注。

換句話說，艾拉倫在新藥開發過程中曾使用脂質奈米微粒，莫德納同樣將其作為載體使用，成功開發出疫苗（按：除了脂質奈米粒，莫德納的技術還包括化學上修飾 mRNA，以降低被體液中無處不在的 RNA 酶降解之可能，並降低免疫原性、

圖表 3-16　莫德納管線數量遽增

進度條代表一條管線的臨床進度。

來源：莫德納官網。

避免發炎反應）。

通常開發疫苗需要 10 年以上，非常漫長，但新冠病毒此一特殊情況讓 mRNA 疫苗的開發期間縮短至 1 年，也就是說，疫情反而促進了生技製藥產業的發展。此後，隨著市價總額的大幅上升，莫德納與全球大型製藥廠攜手合作技術，從上頁圖表 3-16 可以看出，莫德納已成為擁有多種臨床管線的全球生技公司。

在 2019 年末，某證券公司請我針對那斯達克生物技術指數的投資組合，提供相關建議，而莫德納就是 7 個投資項目中的一個，我一直都在關注這間公司。

當時比起 mRNA，我更喜歡新藥技術完成驗證的 siRNA，那時想推薦的 siRNA 項目是 Arrowhead Pharmaceuticals，不過該公司在 2019 年初已經上漲 4.5 倍，價格難以負擔，我便改為莫德納。

當時，生技產業大致分成 5 個領域，其中一個領域是RNA。那時分割的領域骨架至今依然維持著，向細部領域延伸。

RNA 技術危險性低、成功率高

RNA 技術的前景之所以一片光明，是因為**與 CRISPR-Cas9 一樣具有創新性，危險性卻相對較低，而且能針對所有基因開發新藥**。換句話說，RNA 開發新藥物質的期間比任何技術都短。此外，它的另一項優點是成功率很高。

　　看著上頁圖表 3-16 莫德納的管線，誰想得到這是「一間」公司的管線？需要關注的是，RNA 公司，也就是擁有專利的 siRNA 和 mRNA 平臺企業，都擁有大量管線，且正在進行臨床試驗。正如我們在新冠疫苗開發時所看到，開發新藥物質需要的時間很短，所以這是有可能的，不僅莫德納如此，所有 RNA 公司都一樣。

　　雖然做出這樣的判斷聽起來很草率，但往後的 3 到 5 年內，每年都會推出一個以上的 RNA 新藥，你將目睹相關公司的股價呈現上升趨勢。我推測尤其是在 3 年後，成長曲線將會直線上升，開發速度將進一步加快。

　　2018 年後，siRNA 臨床管線數量大幅增加。初期進入臨床的管線，將從 2024 年到 2025 年開始，逐漸進入新藥許可時期，並與 mRNA 管線一起迎來「RNA 療法全盛時代」。很多 RNA 管線以罕見疾病為適應症，有可能會受惠於快速開發及審查制度，因此新藥批准時間也將提前。

　　無論管線再多，要是成功可能性降低，那就缺乏意義了。不過，在下頁圖表 3-17 中可以看出，siRNA 技術的臨床成功率約為 13%，僅次於 CAR-T。

　　siRNA、mRNA 技術可用於治療罕見疾病、心血管及代謝疾病，物質開發時間還能縮短至 3～5 個月，而且成功率明顯高於其他技術，考量到這些優點，投資人理應願意用更高的價格購買相關股票。

　　如果說 mRNA 是用來製造需要的蛋白質，那 siRNA 則是

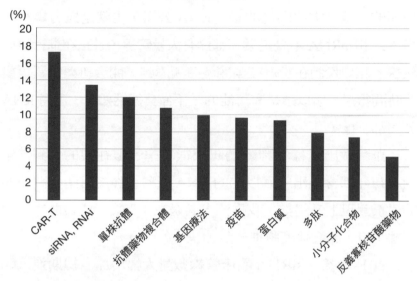

圖表 3-17　各種治療方法臨床開發成功率

來源：韓國現代證券。

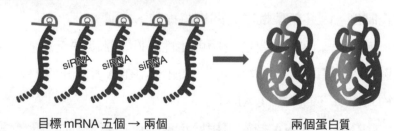

圖表 3-18　siRNA 的運作機制

目標 mRNA 五個 → 兩個　　　　　兩個蛋白質

用來去除不必要、過多的蛋白質。蛋白質若生產過量而在細胞內累積，或因基因突變形成畸形折疊結構，就會造成罕見疾病，如肥厚性疤痕或鐮狀細胞貧血症等，都要用 siRNA 技術治療。

換句話說，假設每天只要製造兩個蛋白質就好，卻因遺傳疾病而製造五個，剩下的三個蛋白質沒有用到，久了累積在體內就會發展成疾病，這時如果使用 siRNA 療法，siRNA 就會進入細胞，剪斷目標的 mRNA，降低目標蛋白質的濃度。

siRNA 相關公司

最近製藥生技業界對 siRNA 的關注度非常高。2018 年，艾拉倫用來治療罕見疾病遺傳性轉甲狀腺素介導的類澱粉變性（TTR 蛋白質錯誤折疊後累積而成的疾病）的 Patisiran（產品名稱：Onpattro）獲得新藥批准後，Givosiran、Lumasiran 等 4 種 siRNA 藥物都獲得 FDA 的批准，與被諾華收購的麥迪遜醫藥（The Medicines Company）合作生產的新藥 Inclisiran 則獲得了歐洲藥品管理局（EMA）的批准，2021 年 12 月也通過 FDA 的驗證。

艾拉倫生產的是罕見疾病藥物，被指定為突破性療法，而 Inclisiran 是心血管疾病 LDL-膽固醇（Low Density Lipoprotein Cholesterol）的藥物，用以降低膽固醇，已證實可以用在心血管及代謝疾病上。

Inclisiran 是去除 PCSK9（Proprotein Convertase Subtilisin/ Kexin Type 9）蛋白質 mRNA 的機制，跟同樣是 PCSK9 單株抗體的安進藥物瑞百安（Repatha）和賽諾菲販售的保脂通（Praluent）具有相似的強效，但副作用的狀況良好（這些藥品會直接攻占蛋白質，適應症相同，但機制不同）。

此外，Inclisiran 的關鍵優勢在於治療次數。**現有的瑞百安和保脂通，每年需要注射 26 次，但 Inclisiran 每年只要注射兩次就能有相同效果**，這就是 siRNA 的特徵和優勢。

分析全球製藥生技產業的 Evaluate 預測，Inclisiran 在 2024 年的銷售額會達到 15.2 億美元，競爭對手瑞百安、保脂通的市占率則將會降低，而 Inclisiran 將以治療次數的優勢為武器，持續擴大市場。

隨著 siRNA 技術獲得技術驗證後，技術輸出和併購也在加速。前面提到，製造 Inclisiran 的麥迪遜醫藥被諾華收購，2021 年 11 月，諾和諾德（Novo Nordisk）突然宣布以約 78％ 的溢價、4 兆韓元的價格收購生物製藥公司 Dicerna Pharmaceuticals。

6 間擁有 siRNA 技術的主要公司中，有兩間被收購。繼 2020 年 5 項技術移轉之後，截至 2021 年 11 月，Arrowhead Pharmaceuticals 有兩項、韓國 OliX 有一項，共 3 項技術移轉。OliX 的技術則是移轉到中國第四大製藥公司恆瑞製藥，中國正在確立新的 siRNA 管線，這一點令人佩服。

Dicerna Pharmaceuticals 被諾和諾德收購後，媒體報導稱

圖表 3-19　siRNA 技術出口動向

技術輸出公司	技術輸入公司	年度	交易規模（億美元）	目標適應症	臨床階段
OliX	Théa（法國）	2020 2019	8.1	4 種眼科疾病	臨床前期
	不公開（歐洲的生技公司）	2020	支援 1,000 萬美元以內的研究資金 ▶大型交易	肝（GalNAc）	發掘物質
艾拉倫	再生元製藥（Regeneron，美國）	2019	>10	眼科疾病、神經系統疾病、補體活性疾病	臨床前期
	賽諾菲	2018	>10	血友病等出血疾病	臨床三期
	Vir（美國）	2017	>10	慢性 B 型肝炎新冠病毒等傳染病	臨床二期
Dicerna	羅氏	2019	>17	慢性 B 型肝炎	臨床二期
	諾和諾德	2019	每個項目 3.6 ▶大型交易	肝病、糖尿病肥胖、罕見疾病等 30 種	臨床前期
	禮來（Eli Lilly and Company，美國）	2018	每個項目 3.5 ▶大型交易	心血管代謝疾病、神經變性等 10 種	臨床前期、臨床一期
	瑞頌製藥（Alexion，美國）	2018	>6.4	補體活性疾病	臨床前期
	百靈佳殷格翰	2017	>2	非酒精性脂肪肝炎	臨床前期
Arrowhead	Horizon	2021	>7	痛風	臨床前期
	武田（Takeda）	2020	>10	甲一型抗胰蛋白酶相關肝病	臨床二期
	楊森（Janssen，比利時）	2018	>37	慢性 B 型肝炎等 3 種	臨床二期
Silence	武田	2020	支援 1,000 萬美元以內的研究資金 ▶大型交易	不公開	不公開
	阿斯特捷利康（AstraZeneca，英國、瑞典）	2020	>42	心血管、腎臟代謝、呼吸道疾病	臨床前期
	萬靈科（Mallinckrodt，美國）	2019	>21	補體活性疾病相關 3 種	發掘物質、臨床一期

來源：OliX IR BOOK（2021）。

諾華很有可能會收購艾拉倫。

　　全球大型製藥廠目前擁有大量現金，股東希望他們收購有技術潛力的生技公司，而 siRNA 排名第一的艾拉倫，就是最令人垂涎的收購對象。

siRNA 的技術成長前景

　　為了更具體的了解 siRNA 技術的成長性，我們來推測一下，以後 siRNA 藥物可能會被批准為新藥的數量。首先，將 5 家 siRNA 公司（艾拉倫、Arrowhead Pharmaceuticals、Dicerna Pharmaceuticals、Silence Therapeutics、OliX）的臨床管線全部加起來，總共是 24 個臨床前期、12 個臨床一期、14 個臨床二期、3 個臨床三期。

　　前面提過，siRNA 的新藥成功率跟其他技術相比，跟 CAR-T 並列最高。其他技術的新藥平均成功率為 9～10%，而 siRNA 則超過 13%。以一般臨床成功率為基礎，調高一部分各臨床階段 siRNA 的成功率來計算，5 家公司開發的新藥中，4 年內約會有 4.6 個，也就是說每年將批准 1 個以上的新藥。預計在 4 年後，批准數量將逐漸增加，新藥批准數上升的原因主要有 3 點。

　　第一、siRNA 臨床成功率提高的可能性。隨著臨床試驗的經驗累積，逐漸衍生出類似的適應症藥物後，成功率勢必能進一步提高。

第二、與其他技術的物質開發相比，siRNA 化學結構單純，開發時間短，約為 3～5 個月左右。

第三、技術輸出活躍。大部分 siRNA 公司物質開發的領先時間（lead time）較短，開發和技術輸出活躍，如果開發物質後移交，對方將全權負責開發，或者像 Arrowhead 這樣，在臨床進行到一定程度、獲得更高的價值後簽訂技術移轉合約。雖然每間公司會依照各自的情況採取稍微不同的策略，但 siRNA 公司的共通點，仍舊是在技術移轉上非常活躍。

正如目前所看到的，**siRNA 技術已經成熟，往後 10 年將有許多罕見疾病藥物、心血管及代謝疾病藥物被批准**。如果每一種藥物的市價總額是 45 兆韓元左右，那麼往後 4 年內，5 間 siRNA 公司的市價總額將成長 3 倍以上。隨著這樣的預測逐漸明朗化，擁有大規模現金的全球大型製藥廠，計算速度也正在加快，因為還有很多大型製藥廠尚未擁有 siRNA 的技術，而現在，任誰也無法否認 siRNA 的成長及重要性了。

6 改變業界排名的巨大市場，阿茲海默症藥物

　　阿茲海默症（Alzheimer's Disease）是引發失智的腦神經退化性疾病，會使患者認知功能逐漸惡化。

　　各時期會引發失智的危險因子有哪些？除了天生的基因之外，幼年時期教育水準不足、中年時期高血壓或肥胖、老年時期糖尿病、身體活動不足、憂鬱症、社會孤立等，都是引發失智的原因之一。

　　美國約有 10％ 的老年人口罹患阿茲海默症，光是 2017 年，管理費用就支付了 18.9 兆韓元。美國國家衛生院將阿茲海默症的判斷標準從臨床診斷改為生物標記，事先測量發病的可能性。生物標記是能了解體內變化的指標，而阿茲海默症的生物標記是乙型類澱粉蛋白（amyloid beta）和 Tau 蛋白質（tau protein），正在從腦脊髓液檢測發展到血液檢測。截至 2020 年，有 136 條阿茲海默症藥物管線正在進行臨床試驗。

　　2020 年開發阿茲海默症藥物的臨床三期研究當中，35％ 以類澱粉蛋白為基礎，占最大部分，這種藥會嘗試抑制 β 分泌酶和 γ 分泌酶，以阻止「乙型類澱粉蛋白機制」，也就是阻止

病因類澱粉蛋白的產生。

　　那麼，現在我們就來看看乙型類澱粉蛋白機制藥物的開發動向。

乙型類澱粉蛋白機制

　　讓我們回想一下之前在細胞結構中學到的內容。圖表 3-20 是神經細胞，可以看到雙層磷脂，上面是細胞外，下面是細胞內。正常來說，α 分泌酶使 APP（Amyloid Precursor Protein，前類澱粉蛋白質）斷成兩半。

　　相反的，在不正常的情況，就如下圖所示，乙型類澱粉蛋白會因為 β 分泌酶和 γ 分泌酶而無法被切割，反而在細胞外聚集形成低聚物（oligomer）。藥物可分為以失智疫苗的

圖表 3-20　乙型類澱粉蛋白低聚物生成

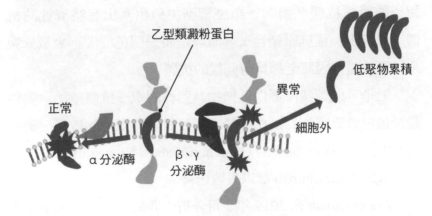

抗體為基礎，去除大腦中沉積的類澱粉蛋白斑塊（Amyloid Plaque），或去除低聚物（纏結）的免疫藥物，以及抑制 β、γ 分泌酶的抑制劑，以抑制病因類澱粉蛋白的生成。γ 分泌酶的臨床試驗目前已中斷，β 分泌酶抑制劑的臨床試驗則仍在繼續中。

默克的 Verubecestat、禮來的 Lanabecestat、百健和日本製藥公司衛采的 Elenbecestat 等，都是 β 分泌酶抑制劑，都在研發阻止類澱粉前驅蛋白質錯誤切割的機制，但所有臨床試驗都未能證明其效果，只得中斷。

透過連續幾次的失敗經驗，研究學者發現，在出現失智症狀之前，注射免疫藥物很有效，至於腦浮腫的副作用則能充分調節，因此注射充分的劑量非常重要。

此外，藥物的目標不是類澱粉蛋白斑塊，而是具有毒性的低聚物，因此，之後的研究必須將重點擺在去除低聚物，以及開發出在類澱粉蛋白形成的不同階段，都能適用的單株抗體。這裡的單株抗體是指同一免疫細胞中只生產出有特異性的抗體，只能跟一種抗原結合，其原理是將一個免疫細胞大量分裂來製造抗體，因此全都具有同樣的抗體。

但是，以類澱粉蛋白低聚物為目標的單一抗體療法，與類澱粉蛋白 β 分泌酶抑制劑一樣，都沒有取得太大的效果。禮來的 Solanezumab、羅氏的 Gantenerumab 和 Crenezumab、百健和衛采的 Aducanumab 都以失敗告終。

Aducanumab 在 2019 年 3 月分析中間結果，表示因未能證

明其效果並宣布中斷試驗，但在 2019 年 10 月的阿茲海默症臨床試驗會議（CTAD）國際研討會上，推翻了先前的報告，宣布高劑量 Aducanumab 有效，阿茲海默症藥物第一次獲得了有條件的批准，不過目前仍因藥效和副作用而備受爭議。

　　FDA 批准了 10 年，但附加條件是要實施臨床四期。現在因為病患死亡的消息和 35% 病患發生大腦浮腫的副作用，對於歐洲藥品管理局是否批准出現否定聲音。儘管 Aducanumab 因藥效和副作用而引起許多爭議，仍應該明確承認，這是首款阿茲海默症藥物，為其他新藥打開了可能性。

　　另一款乙型類澱粉蛋白的希望之星是禮來的 Donanemab，為了獲得 FDA 的加速批准，已經進入正式程序。Donanamab 是針對名為 N3pG 的乙型類澱粉蛋白變形形態的抗體候選物質。它的機制是與乙型類澱粉蛋白低聚物結合，防止沉積體形成，從這點來看與 Aducanumab 相似，共通點是減少乙型類澱粉蛋白以及改善認知功能的不確定性。

　　禮來的策略是，直接比較 Donanemab 和 Aducanumab 的臨床試驗，得出豐富的數據，創造出差異性。他們計畫向 FDA 提交 Donanemab 初期數據，藉此在 2022 年中旬獲得早期批准，而且有可能在 2023 年初討論是否批准（按：於 2023 年 5 月，Donanemab 在臨床三期試驗中展現積極功效，預計將於 2023 年向 FDA 提出核准申請）。

　　至於羅氏的抗乙型類澱粉蛋白抗體 Gantenerumab，目前有超過 2,000 位參加者進行臨床三期試驗，預計在 2022 年下半

年結束，其目的是透過臨床試驗獲得數據，證明類澱粉蛋白斑塊有所減少（按：結果不如預期，藥物未能改善病人認知功能衰退情形）。

Tau 蛋白機制

接下來，讓我們了解第二個生物標記——Tau 蛋白機制的阿茲海默症藥物開發現況。

Tau 蛋白是穩定神經細胞微管束的微管結合蛋白，神經細胞形狀特殊，一側長長垂下的部分叫做軸突，軸索是由一種叫做微小管絲蛋白（tubulin）的球形蛋白質組成的微管集合體，呈管狀，Tau 蛋白就是讓微管相互結合的結合蛋白，分布在微管各處，負責結合功能。

一旦喪失結合能力，就會脫落、相互糾結，形成神經糾結物（見圖表 3-22），引發疾病，也就是 NLRP3 發炎體（NLRP3 Inflammasome），會產生誘發過度磷酸化的酶，誘導 Tau 蛋白從細胞骨骼中分離出來，累積成塊狀。

業界之所以對 Tau 蛋白感興趣，是因為類澱粉蛋白的假說，其主要內容是，如果因乙型類澱粉蛋白累積而影響 Tau 蛋白，腦細胞就會受損，從而產生阿茲海默症；也就是說，**Tau 蛋白是直接引發疾病的原因**。Tau 蛋白的神經糾結物比乙型類澱粉蛋白的老年斑塊，更能解釋阿茲海默症的臨床症狀，因為沉積的 Tau 蛋白，是阿茲海默症病患大腦中最具特徵的病理蛋

圖表 3-21　神經細胞的不同部位

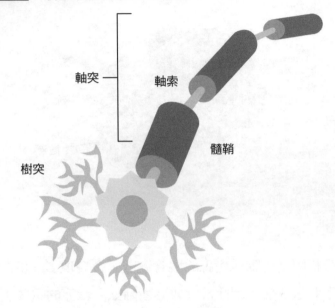

軸突

軸索

髓鞘

樹突

圖表 3-22　喪失結合能力的 Tau 蛋白

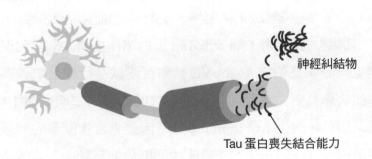

神經糾結物

Tau 蛋白喪失結合能力

圖表 3-23　**Tau 蛋白能讓微管相互結合**

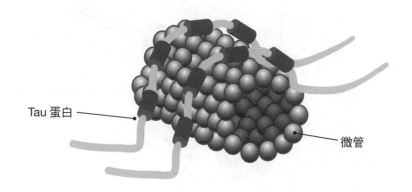

Tau 蛋白

微管

白質。

　　若分析阿茲海默症病患的腦脊髓液，會發現 Tau 蛋白的濃度增加了將近 3 倍，因此被當成診斷阿茲海默症的重要生物標記。存在於細胞的 Tau 蛋白，會透過回收中心溶酶體和泛素蛋白酶體系統分解，但當細胞的蛋白質分解系統處理異常過多 Tau 蛋白時，將無法正常運轉，並對神經細胞帶來毒性。

　　那麼，我們來了解一下 Tau 蛋白單株抗體的開發現況。美國生技公司艾伯維（AbbVie）和百建以進行性上眼神經核麻痺症病患為對象進行的 Tau 蛋白抗體的臨床二期於 2019 年中斷；另外，瑞士 AC Immune 與基因泰克合作開發的阿茲海默症藥物 Semorinemab，在臨床中間階段的試驗中，兩個主要療效指標只滿足了其中一個，次要療效指標也未達到目標。

　　但是失敗的 Tau 蛋白抗體有一個共同點，它們都是針對 N 端（N-terminus，胺基末端）的胺基（amino group）抗體。蛋

白質是由多種胺基酸透過肽鍵連接的結構，因此胺基酸的一端是胺基，另一端是碳端（carboxyl）；蛋白質的一端是 N 端，另一端是 C 端（C-teminus，羧基端）。現有的 Tau 蛋白標靶抗體都是針對線性 Tau 蛋白的同一端攻擊。

目前還剩下禮來的 Tau 蛋白 N 端抗體 Zagotenemab 臨床二期結果還沒公布。而且，羅氏和必治妥施貴寶簽訂了大規模交易，購買以 Tau 蛋白中間部位表位（epitope）為標靶的抗體，他們的策略是希望能攻占 N 端以外的部位並取得成果。

整理一下，**乙型類澱粉蛋白的機制集中於去除神經細胞外的低聚物，而 Tau 蛋白機制為攻占神經細胞軸突中，也就是細胞內部的蛋白質糾結物的藥物。**

儘管百健的 Aducanumab 陷入商業化苦戰，但市場對於開發阿茲海默症藥物的關注度越來越高。有一個比其他藥物還大的市場正在形成，誰能開發出良好的阿茲海默症藥物，就會成為黑馬，翻轉業界的排名。

之前提到，阿茲海默症藥物的物質開發，從臨床前期的過程開始就不容易，就連作為目標的生物標記也不明確，但現在正努力找出更根本的原因，嘗試各種處理方法，所以散戶們更需要持續關注這個巨大市場。

7 T 細胞和 NK 細胞，用免疫系統殺死癌細胞

當細菌或病毒入侵人體內或出現癌細胞時，免疫細胞會立即出擊、制服敵人。具有代表性的是嗜中性球、巨噬細胞、NK 細胞、樹突細胞等，它們被稱為先天免疫系統。樹突細胞吞噬入侵者的碎片後會被活化，移動到淋巴結，活化 T 細胞和 B 細胞，被活化的 T 細胞會成為細胞毒性 T 細胞，攻擊入侵者，B 細胞則製造使它們失效的抗體，以此進行攻擊。這些 T 細胞和 B 細胞被稱為後天免疫系統。

殺手 T 細胞，會使用細胞表面可以區分敵我的 T 細胞受體（T Cell Receptor，簡稱 TCR），透過受體辨識已感染細胞產生的肽，以此區分敵人。也就是說，用 T 細胞受體檢查細胞的 MHC-1（Major Histocompatibility Complex，主要組織相容性複合物-1）中表現的肽，確認是敵人後就射殺。

但是癌細胞會對這種 T 細胞的攻擊產生抵抗力，不向 T 細胞表現 MHC-1，T 細胞無法區分敵我後，便不會攻擊。而 CAR-T 就是人為操縱 T 細胞，讓 T 細胞受體變得有智慧，揭發並攻擊癌細胞的抗藥性。CAR（嵌合抗原受體）分為識別目

圖表 3-24　**免疫系統的運作方式**

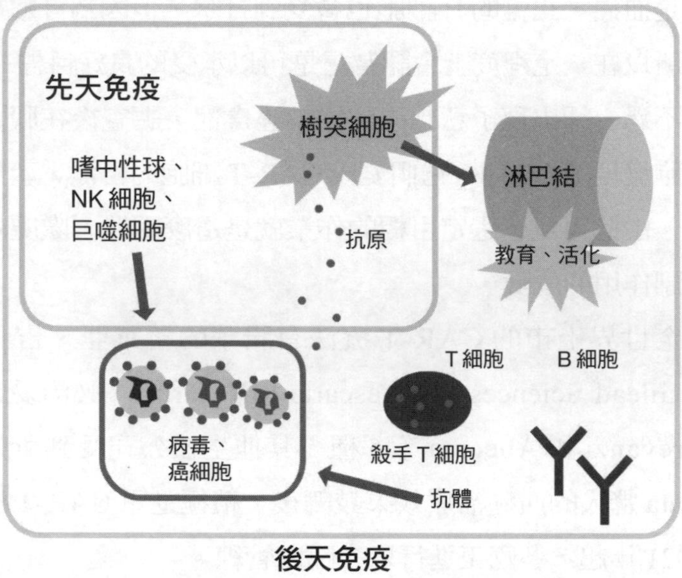

先天免疫

嗜中性球、
NK 細胞、
巨噬細胞

樹突細胞

抗原

淋巴結

教育、活化

T 細胞　　B 細胞

病毒、
癌細胞

殺手 T 細胞

抗體

後天免疫

標抗原的細胞外突出部位，以及向細胞內部傳遞訊號的部位，這就是被稱為嵌合抗原受體的原因。

　　根據以何種抗原為目標、使用何種訊號傳達位點，可以製作出多種 CAR-T。最理想的目標是抗原只在癌細胞中表現、在正常細胞中不表現，但實際上細胞都擁有大部分的抗原，因此很難區分。即使找到了這種抗原，也會因病患的特異性而降低適用範圍。這種特異性的限制使得以癌症為標靶製造的 CAR-T 產生問題，衍生出攻擊正常細胞的副作用，這被視為臨床失敗的主要原因之一。

　　舉例來說，CD19 是 B 細胞表現的抗原，是 B 細胞在各種

分化過程中表現的抗原。如果以該抗原為目標製造CAR-T，不僅是血癌，正常的B細胞也會受到打擊，但因為打擊並不致命，所以在一定程度上會認為這是可以承受的良好目標。

不過，卻出現了意想不到的神經毒性，調查後在腦血管周圍細胞發現了CD19，它們變成CAR-T細胞的目標，產生了副作用。由此可見，選定目標的作業就是這麼困難，處處隱藏著引發副作用的危險。

全世界上市的CAR-T療法有諾華的祈萊亞、吉利德科學（Gilead Sciences）的Yescarta和Tecartus、必治妥施貴寶的Breyanzi和Abecma等5種。其他生技公司受到祈萊亞和Yescata驚人的血癌治療效果鼓舞後，積極進軍CAR-T療法，自2021年起，各國正進行眾多臨床管線。

包括祈萊亞在內，5個CAR-T都是利用病患T細胞的自體CAR-T，但缺點是生產過程複雜，需要3週左右的時間分離出病患的T細胞、導入CAR後重新注射給病患，無法用於緊急病患。

不僅如此，價格也相當昂貴，因此一般民眾的取用性很低。韓國的食品醫藥品安全處也批准了諾華的祈萊亞，但醫藥費為4.6億韓元，而且從病患的血液中取出T細胞後要送到美國的工廠製造，生產的時間必須延長，相當不便。因此，同種異體CAR-T就是先利用志願者（健康的人）的血液製作CAR-T，病患有需要時，就可以立即進行治療。目前這樣的需

圖表 3-25　**2021 年全球各 CAR-T 療法市占率**

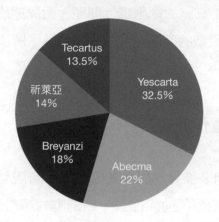

圖表 3-26　**CAR-T 療法臨床件數**

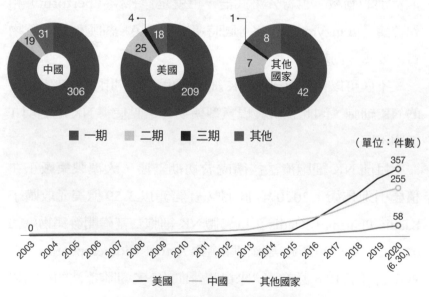

來源：Wei et al., Cellular&Molecular Immunilogy 18, 792 (2021)。

求很大。

為了彌補 T 細胞的細胞毒性問題、對固態瘤沒有攻擊力的缺點，以及現貨型的問題，NK 細胞提供了解決辦法，相關研究非常活躍。

NK 細胞的運作原理

NK 細胞用多種探測器殺死癌細胞，可說是對多種癌細胞都有效的免疫治療。前面提過，癌細胞的策略是消除 MHC-1 來逃避免疫細胞攻擊，目的是讓 T 細胞不再視其為敵人。但是 NK 細胞擁有多種感應裝置能分辨癌細胞或病毒，即使沒有其他特別的刺激，也會分泌武器，也就是穿孔素（perforin）和顆粒酶（granzyme）攻擊；同時還向其他免疫細胞傳遞訊號物質，要求一同攻擊。

不僅可以利用自己的 NK 細胞，也可以利用其他健康的人的 NK 細胞，因此正研發現貨型藥物，這點使得 NK 細胞與 T 細胞不同。

目前 NK 細胞療法技術處於初期階段，大型製藥廠正在積極引進技術。2020 年 11 月，賽諾菲以 3.59 億美元收購了 Kiadis Pharma，Kiadis 正以異體 NK 細胞為基礎開發藥物。韓國的 GC Cell 也透過美國相關企業 Artiva Biotherapeutics，與默克簽訂了 18.8 億美元、來自臍帶血的 NK 細胞療法的技術移轉合約。

　　分化誘導性全能幹細胞的NK細胞療法開發公司——美國的 Fate Therapeutics，與楊森簽訂了分化誘導性全能幹細胞的 CAR-NK 細胞（表現嵌合抗原受體的自然殺傷細胞）、CAR-T 細胞療法最多 4 種開發藥物，總計 31 億美元規模的合約，並獲得了 1 億美元的訂金和持股。

　　獲得 NK 細胞的方法有 3 種：從體內末梢血液中取出、來自胎盤的 NK 細胞、分化誘導性全能幹細胞。關鍵是充分培養出抗癌能力高的 NK 細胞，使其能夠用於臨床。據說 NK 細胞比其他細胞更難培養，根據使用的培養基或共同培養（混合培

圖表 3-27　NK 細胞免疫系統運作原理

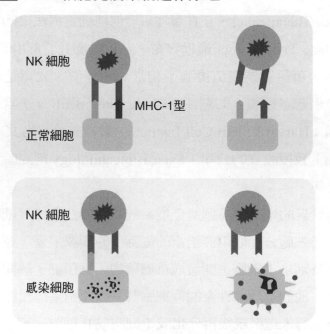

養）的細胞種類等培養條件不同，抗癌效果也會有所不同。

對 NK 細胞來說，冷凍保存與解凍跟培養一樣重要。NK 細胞取出後存活時間很短，絕對需要冷凍保存，冷凍前必須建立最佳成熟期；還要建立治療病患前解凍的溫度、稀釋添加劑、濃度的數據系統，藉此增加 NK 細胞的生存數並維持殺傷力，這點非常重要。

細胞療法今後的發展方向

接著，讓我們來看看今後細胞療法將朝什麼方向發展。關於這個問題，我想透過深入探討美國公司 Sana Biotechnology 和 Clade Therapeutics，正在專注研發何種細胞療法來回答。

Clade Therapeutics 最近宣布，A 系列吸引了 8,700 萬美元的資金，可說企業價值得到了相當高的評價。究竟是什麼樣的研發引起了投資人的關注？Clade Therapeutics 是哈佛幹細胞機構（Harvard Stem Cell Institute）教授查德·考文（Chad Cowan）教授設立的公司，Sana Biotechnology 創立時，考文也有參與。

事業目的是開發「迴避免疫系統的誘導性全能幹細胞，以及將該幹細胞分化成用於治療的細胞」的獨家平臺，並將免疫細胞（特別是 T 細胞）開發成抗癌藥物。更仔細了解開發計畫會發現，他們以誘導性全能幹細胞為基礎透過基因重組迴避免疫系統，導入這系統後再分化成 T 細胞或 B 細胞，製成抗癌細

胞療法。

目前該公司尚未上市，很難確認目標癌症種類等具體事業內容，但可以肯定的是，主要事業內容與 Sana Biotechnology 非常相似。那麼，我們來檢視因高估值 IPO 而引起爭議的 Sana Biotechnology 的研發現況，就可以發現獲得高估值的未來型 T 細胞療法的條件。

至於 Sana Biotechnology，在 2020 年 IPO 時吸引了 5.88 億美元的資金，創下了 2018 年以來第三大的規模。特別之處在於，該公司在 IPO 當時成立還未滿 3 年，也沒有臨床階段的管線，甚至是在非臨床階段就上市的公司當中市價總額最高的（2021 年 11 月 5 日市價總額為 42.45 億美元）。

Sana Biotechnology 能夠獲得高估值的最大原因是，過去以 90 億美元出售給美國生技公司賽基（Celgene）旗下的 Juno Therapeutics，使人力再次聚集起來。Sana Biotechnology 計畫在 2022 年至 2023 年申請臨床試驗（按：目前 SC291 正在進行臨床一期，其餘藥物則在臨床前期），所以正在進行研發，並且擁有 1 兆韓元的現金，往後雖然沒有現金流的問題，但在高期待之下、以過高的估值上市，將無法避免股價大跌的趨勢。

但是，比起 Sana Biotechnology 的股價，我們更該關心的是他們想要製造的細胞療法的技術特色。

那麼，讓我們仔細看看 Sana Biotechnology 想要製造的 T 細胞療法是什麼樣子。Sana Biotechnology 想以誘導性全能幹細胞分化出低免疫原性細胞，讓 T 細胞注入病患體內時，不受

圖表 3-28　**Sana Biotechnology 股價走勢圖**

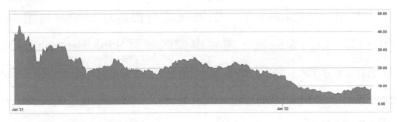

來源：Seeking Alpha。

到病患的免疫系統攻擊。不是以病患的 T 細胞，而是以誘導性全能幹細胞為基礎製造細胞，因此，為了能在病患體內與癌細胞爭鬥，一開始就不能被病患的免疫系統，也就是 T 細胞或 NK 細胞視為敵人。

　　首先，將 CRISPR-Cas9 植入健康志願者捐獻的誘導性全能幹細胞中，去除 MHC-1、MHC-2 基因。如果 MHC-1、2 基因不發揮作用，就不會製造在細胞表面表現的 MHC-1、2，可以避免病患的 T 細胞攻擊。

　　阻止 T 細胞的攻擊後，接下來輪到 NK 細胞了。前面學過，NK 細胞是全天候攻擊手，無論有無 MHC-1、2，都會啟動多種探測器，調查出敵人後，就會使用化學武器殺敵。

　　細胞表面表現的 CD47 是人體正常生成的蛋白質，它會發送「不要攻擊我」的訊號，防止免疫系統攻擊自己的細胞。要是該訊號無法正常啟動，免疫細胞甚至會攻擊健康的細胞，引發免疫物質分泌過多，也就是細胞激素（cytokine）風暴。

　　因此，誘導性全能幹細胞在去除 MHC-1、2 後，導入表

現 CD47 的基因，避免病患NK細胞的攻擊。如果將藥物放入 Sana Biotechnology 的藥物傳遞系統 Fusosome，誘導性全能幹細胞的受體（receptor）和 Fusosome 突起蛋白質 Fusogen 結合後，搭載在 CD47 上的 DNA 就會透過胞吞作用進入細胞質，再進入細胞核，固定在染色體上，讓 CD47 蛋白表現；製造出的CD47 蛋白質在高基氏體上進行最後修飾，並轉移到誘導性全能幹細胞表面，阻止免疫細胞攻擊。

為了防止 T 細胞和 NK 細胞的攻擊，基因重組過的誘導性全能幹細胞，會根據需要分化成 T 細胞或 B 細胞等多種細胞來治療，這種現貨型療法（off the shelf therapies）可以在病患需要時立即開發出來應對。

Sana Biotechnology 目前還沒有臨床階段的管線，擁有的是以 Fusogen 技術為基礎的 in vivo 非臨床管線，和利用低免疫原性技術的 ex vivo 非臨床管線，大部分都是 T 細胞，且適應症集中於血癌，而非固態瘤，因此未能擺脫「T 細胞都只針對血癌」的形象。目前研究仍會專注在如何在進入病患體內後維持療效。

該公司製作出以誘導性全能幹細胞為基礎的低免疫原性細胞，在動物實驗的免疫反應測試中確認了 T 細胞和 B 細胞全都有效，往後將對其他副作用進行驗證實驗。

透過 Clade Therapeutics 和 Sana Biotechnology 的細胞療法研發動向可看到，細胞療法以誘導性全能幹細胞為基礎，透過去除或導入基因增加新功能後，分化成多種細胞，朝著這個方

向發展療法。

至於分化誘導性全能幹細胞的 NK 細胞療法領頭羊 Fate Therapeutics，也在 2021 年初發表了令人印象深刻的臨床結果，備受期待。

但是，在 Fate Therapeutics 的免疫療法 FT516 的追加資料中，卻有病患癌症復發的結果：在病患的免疫細胞攻擊之下，NK 細胞死亡，藥效持續性發生問題，因此之後將會增加注射次數及在體內持久的功能；或像 Sana Biotechnology 的策略那樣，製造低免疫原型細胞療法等，以多種方向找出突破口。

如上所述，我們詳細探討了生技產業的細節領域概要，和其中最核心的技術。當然，不可能一次就完全理解，為了說明其中一種技術，就不得不提到其他讓人感到陌生的概念，一切都環環相扣，因此理解起來固然不簡單。但我認為，只要反覆學習，一定能成功理解。

在讀了後面的部分後，很可能就自然解決了前面的疑惑，所以即使中途覺得看不懂，也不要輕易放棄。

既然理解了生技產業的基本科學知識、詳細技術知識，以及生技產業的獨特屬性，那現在我們就來了解分析生技股時，探索生技公司價值、蒐集資訊的方法，並看看值得投資的生技公司，有哪些必備條件和投資組合。

看管線、技術移轉、執行長是誰

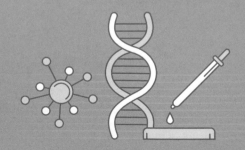

1 沒有銷售額，市價總額為什麼這麼高？

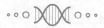

　　右頁圖表 4-1 是在 KOSDAQ 上市的生技公司 AptaBio 的資產負債表和損益表，只要在一般的證券公司的 HTS（按：韓國普遍使用的線上交易系統，臺灣可在證券 App 中查詢）點兩下就能輕鬆找到。生技公司用來研發的現金流是向金融市場募集的，因此對利率和資金動向非常敏感；也就是說，如果金融市場萎縮，生技公司可能會資金緊縮，因此建議投資前一定要確認該公司的現金流和往後的資金計畫。

　　金融市場就像到處都暗藏危機的叢林，但只要遵守非常基本的原則，就能輕易避開意料之外的風險。

　　首先，從資產負債表中，可以確認流動資產和流動負債。流動資產是公司隨時都可以使用的現金流，流動負債則是 1 年內要償還的負債。流動資產減去流動負債，就能算出短期內公司可使用的現金。

　　流動資產－流動負債＝該公司短期可使用的現金

圖表 4-1　AptaBio 損益表（上）和資產負債表（下）

IFRS	2018/12	2019/12	2020/12	2021/12	去年同期	去年同期（％）
銷售額	15	10	3	2	3	-34.4
銷售成本	—	—	—	—	—	—
銷售總利潤	15	10	3	2	3	-34.4
銷售費用與管理費用	48	82	64	116	64	80.9
營業利潤	-34	-72	-61	-114	-61	持續虧損
營業利潤（結算至公布當時）	-34	-72	-61	-114	-61	持續虧損
金融收入	3	12	21	15	21	-28.3
金融成本	10	3	1	10	1	594.2
其他收益	0	0	2	2	2	18.1
其他費用	0	1	0	1	0	6070.2
子公司、共同支配公司與關係企業相關損益	—	—	—	—	—	—
稅前經營利益	-41	-63	-39	-107	-39	持續虧損
法人稅費用	—	—	—	—	—	—
繼續營業單位稅後淨利	—	—	—	—	—	—
停業部門損益	—	—	—	—	—	—
當前損益	-41	-63	-39	-107	-39	持續虧損

IFRS	2018/12	2019/12	2020/12	2021/12
資產	203	774	754	649
流動資產	199	468	437	238
非流動資產	4	306	317	411
其他金融體資產	—	—	—	—
負債	20	22	34	32
流動負債	12	7	8	8
非流動負債	8	15	26	25
其他金融體負債	—	—	—	—
資本	183	752	720	617
資本額	43	54	55	111
新種資本證券	—	—	—	—
資本公積金	494	1,110	1,137	1,082
其他資本	6	14	3	6
其他綜合損益累積額	—	—	—	—
營業利益（虧損金）	-360	-427	-476	-582

來源：Kiwoom 證券 HTS。

接著，我們再來檢視損益表的銷售和營業利潤，目前看起來幾乎沒有銷售額，且持續虧損。如果**大致算出 1 年的營業虧損後，將公司可使用的現金除以營業虧損，就能計算出這公司能用目前持有的現金堅持研發幾年。**

截至 2022 年 6 月 28 日，這公司的市價總額為 3,479 億韓元，資本額為 597 億韓元。儘管最近股價下跌，但市價總額／資本額的比例仍高達 5.8 倍。看損益表可以得知，別說是高成長性了，只看到一直在虧損，再怎麼樣也無法理解為什麼市價總額會這麼高。因此，**單憑分析財務報表很難評估生技公司的價值。**

有人可能會問：「只看一家公司，怎麼知道整體？」但幾乎大部分生技公司的狀況都很相似。全球生技公司財務結構大多雷同，這是生技產業天生的結構特徵。

先向投資人說明對技術的展望，也就是製造新藥的計畫，得到投資人的資金後進行研發，以此證明技術商品化的可能性，之後再度募資，獲取下一階段研發資金，這就是生技公司的財務架構。因此，除非中途輸出研發的技術，否則在新藥問世之前，都很難出現像樣的銷售額，而且還會持續虧損。

新藥管線，就是公司擁有的技術

這麼說來，生技公司的價值究竟累積在哪？生技公司的市價總額，其實隱藏在新藥管線當中。新藥管線是指利用生技公

司擁有的技術，針對特定疾病開發治療藥物的計畫。由於每條新藥開發管線平均需要許多研發人員投入 10 年以上，因此生技公司勢必會持續虧損。

　　我會以 AptaBio 的管線為例來探討管線價值評估，請參考下一頁圖表 4-2。AptaBio 以兩項基礎技術，也就是 NADPH 氧化酶（NOX）抑制劑技術和適體技術，進行 9 個臨床管線。最領先的是糖尿病腎臟病變，正在等待臨床二期的結果。如果臨床二期公布好結果，技術輸出的可能性會提高，同樣以氧化酶抑制技術為基礎的其他臨床管線價值也會一併上升。

　　AptaBio 的糖尿病腎臟病變管線，會根據二期的結果決定進入三期的可能，再根據三期是否達到主要療效指標，來決定新藥的批准。

　　藥物會獲得第一線或第二線治療藥物等類型的批准，順位越後面，病患人數就越少，市場規模也越小。股票市場會計算 AptaBio 的管線，也就是 APX-115 能在臨床上成功的機率，並評估成功後，在糖尿病性腎臟病變藥物市場上能占據的市場規模，再換算成市價總額，評估算式如下：

目標疾病患者人數×藥價×臨床成功率×市占率
＝管線價值評估

　　AptaBio 擁有的平臺技術和管線透過這樣的價值評估後，就能算出整體市價總額，也就是 3,479 億韓元。當然，金融環

圖表 4-2　AptaBio 管線

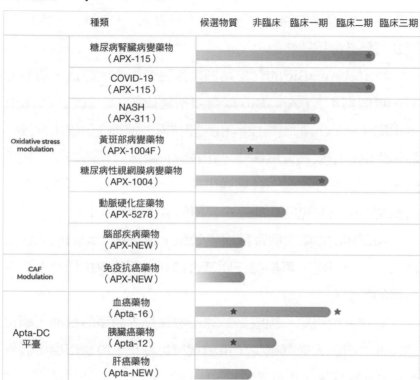

種類		候選物質	非臨床	臨床一期	臨床二期	臨床三期
Oxidative stress modulation	糖尿病腎臟病變藥物（APX-115）					★
	COVID-19（APX-115）					★
	NASH（APX-311）				★	
	黃斑部病變藥物（APX-1004F）	★			★	
	糖尿病性視網膜病變藥物（APX-1004）				★	
	動脈硬化症藥物（APX-5278）					
	腦部疾病藥物（APX-NEW）					
CAF Modulation	免疫抗癌藥物（APX-NEW）					
Apta-DC 平臺	血癌藥物（Apta-16）	★		★		
	胰臟癌藥物（Apta-12）	★				
	肝癌藥物（Apta-NEW）					

來源：AptaBio 網站。

境和市場供需等其他變數也會對股價產生各種影響。

　　再來看臨床管線價值評估的其他例子。表皮分解性水疱症（Epidermolysis Bullosa，簡稱 EB）是罕見的遺傳病，即使是輕微的外傷，病患也容易產生水疱，全世界約有 5 萬名病患，但目前沒有藥物可治療。

　　病患每年需要 3,000 萬至 4,000 萬韓元的敷料費用，還需

要專業人員換藥，每次換藥要花上好幾個小時，病患與家屬的不便更是無以計量。因此，**只要有人能成功開發出此病症的新藥，就是市場首見，每年最多能在市場上搶先占有兩兆韓元的商機。**

另外，擁有孤兒藥的資格後，除了 20 年的專利期限外，很有可能延長 7 年的獨賣期，因此實際上能在 15～17 年間獲得兩兆韓元的現金流。

如上所述，生技公司的價值與一般的製造公司非常不同，很難透過財務報表推測，都藏在管線中。順帶一提，生技公司的管線可以在該公司的官網上立刻查閱，世上所有生技公司的官網架構都非常相似，執行長、研究團隊、主要技術、管線、臨床進行現況、財務現況等，全都整理得一目瞭然。因為光看官網就能簡單分析，所以如果想投資生技業，我絕對推薦你多接觸官網。

2 買進前，先看官網及 IR BOOK

　　分析生技公司時，能夠獲得最多有用資訊的地方就是公司官網。大部分的生技公司官網不僅架構清楚，內容也介紹得很仔細，只要認真看過官網，就能對該公司有一定程度的理解。國外生技公司也是如此，無論是多新的公司，都可以透過官網獲得需要的基本資訊。

　　在這裡，我們用韓國生技公司 GC Cell 的官網作為範例。如圖表 4-3 所示，點擊公司介紹，就能看到 CEO 的問候、任務和展望、沿革等。

　　分析生技公司時，最重要的不是別的，就是公司的沿革和以 CEO 為首的主要管理階層。生技與其他產業不同，通常都需要長期投資，所以如果公司沒有技術能力、經營能力、道德等，投資人將難以信任並參與。因此，國外的生技公司官網上通常可以看到所有經營階層的照片，以及關於人物的詳細介紹。但誠如 GC Cell 官網上所見，某些生技公司沒有放上這方面的資訊，我希望每間公司都能在第一部分詳細寫出代表企業的人員介紹。

圖表 4-3 　生技公司官網上的簡介

회사소개.

CEO的問候語　　任務與展望　　沿革　　家族史介紹　　交通

感謝您造訪GCCell網站。

韓國具代表性的專業細胞療法公司GC綠十字Lab Cell和GC綠十字Cell為達到新的成長，重生為綜合法人GC Cell。

GC綠十字的細胞療法歷史可追溯到2008年。從那時起開始進行基礎研究、培養工程、培養技術等商業化的技術開發。為了擁有細胞療法的長期成長動力，2011年成立了專業細胞療法公司GC綠十字Lab，2012年收購了在細胞療法中具有優勢的生技新創公司Innocell，重新成立了GC綠十字Cell。

之後為了在細胞療法市場領先公司中創造綜效，兩間公司成為主軸研究GC綠十字的細胞療法。結果，GC綠十字Lab Cell在2021年以約兩兆韓元輸出CAR-NK細胞療法技術給美國MSD公司。透過銷售額第一的韓國抗癌藥物「Immuncel-LC」，GC Green Cross Cell生產世界最多的細胞療法。

GC綠十字Lab Cell具有研發能力和全球專利經驗，GC綠十字Cell擁有細胞療法製造技術和商業化經驗，兩家領先公司結合，謀求強大的綜效。

同時為了迅速應對市場急劇變化的環境和需求，今後GC Cell將透過積極的研發投資、工程革新、廣泛的夥伴關係，進一步擴大細胞療法管線；也與擁有韓國最大規模細胞療法生產設施的Cell Center的不同工程技術結合，進一步加強CDMO事業的全球競爭力。

另外，透過持續的革新，鞏固在韓國檢體檢查服務中無法超越的領導地位，成為全球檢體檢查服務公司，讓特殊化的生物物流成為新的事業領域，「Green Vet」將成為新成長動力的一環，引領Total Animal Healthcare事業。

全球細胞治療劑BTS（Bio-Tech Solution Pioneer）

嶄新開始的GC Cell以為人類健康生活做出貢獻為任務，在「全球細胞療法Bio-Tech Solution Pioneer」的藍圖下，透過細胞療法將事業領域擴展到全球，邁向First in Class Bio-Tech企業。另外，組織結構、人力資源、業務方式、基礎設施等綜合法人的力量將達到全球標準化。GC Cell正邁向另一個未來的旅程，包括我在內的全體GC Cell職員，以成為全球專業頂尖細胞療法公司為目標，為了實現人類更好的生活，擁有堅定的前景、責任和角色。

謝謝。

來源：GC Cell 官網。

圖表4-4 　核心技術介紹

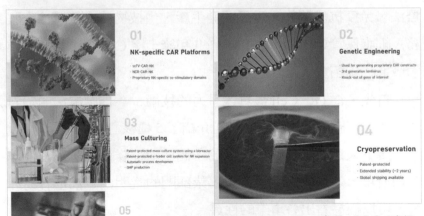

來源：GC Cell 官網。

圖表 4-5　持有技術和合作公司

來源：GC Cell 官網。

　　接下來，是事業介紹的部分。GC Cell 經營的事業有細胞療法、免疫抗癌藥物、委託開發生產、生技物流、檢體檢查服務、細胞保管等。綠十字 Lab Cell 和綠十字 Cell 合併後，事業領域進一步拓寬。

　　首先，從 GC Cell 最具競爭力的技術──細胞療法開始看起，如上頁圖表 4-4 所示，概括介紹了 5 種核心技術。

　　接下來是與合作公司進行的各個技術、詳細內容以及合作公司清單。這頁的特色是，各事業部門的說明內容都很容易理解，可以輕易看出各事業的性質。

圖表4-6　**6種核心細胞療法**

Point 1

同種免疫細胞療法

取自健康成人的末梢血液或臍帶血的NK細胞，在體外利用本公司專利的基因重組餵養細胞和自動化的生物反應器培養工程，將大量培養的高純度、高效能NK細胞冷凍，開發出病患有需要時可立即供應的抗癌免疫細胞療法。為了增強效果，在臨床試驗上同時使用腫瘤特異性抗體和免疫檢查點抗體。

Point 2

新一代細胞基因療法

在嚴格管理規定下，從臍帶血取出NK細胞，導入探索癌細胞的CAR基因、刺激NK細胞的活性，這是本公司正致力於研發的CAR-NK基因療法。採用GC Cell獨有的平臺技術，在體內藥效持久，也與國內外主要抗體開發公司合作，準備利用強化探索腫瘤功能的新一代CAR-NK在美國進行臨床試驗，不僅用於血液，還能針對固態瘤。

來源：GC Cell官網。

　　然後，是研發的部分，實驗室簡介頁面詳細說明了該公司擁有的6種核心細胞療法。

　　接下來是最重要的臨床發展現狀，也就是管線。大略分析初次見到的生技公司時，首先要看的是管線現狀，可以一眼掌握公司的研發進行到什麼程度。該公司最領先的管線到臨床幾期、擁有多少個管線、適應症是什麼、是細胞療法、基因療法還是抗體療法，以及正與誰合作等，這些都能大略掌握。

如圖表 4-7 及第 184 頁圖表 4-8 所示，該公司親切的將管線分為「開發進行現況」和「臨床試驗現況」；開發進行現況會介紹管線，臨床試驗現況則依照各種細胞療法，概略說明目前的狀況並介紹臨床醫院。

接下來是研究成果的部分（請見第 185 頁圖表 4-9）。生技產業的特性是壟斷型產業，在開發技術的同時寫論文、發表論文、獲得專利，專利既是技術，也是公司的競爭力。大部分生技公司會詳細介紹之前發表過的論文、專利申請及註冊現狀，強調與其他公司的差異性。企業在臨床試驗中使用的技術，大部分可以透過論文和專利來分析，因此這對分析師來說是重要的資訊來源。

在投資資訊中，介紹了財務報表摘要和公司的新聞，大部分的 IR BOOK 和分析師的企業分析資料，都按時間順序整理好了。在公司近期的新聞中，可以一次找到臨床試驗相關內容，相當方便，尤其**最新的 IR BOOK 上會更新最近的臨床內容，因此投資前一定要查閱**（請見第 186 頁圖表 4-10）。

目前為止，我們瀏覽了 GC Cell 的官網。從企業基本內容到說明核心技術的論文等，生技公司的官網幾乎收錄了所有內容，如果還有其他想了解的，官網上還提供可以延伸閱讀的相關資料。

在分析生技公司時，建議養成仔細閱讀官網所有內容的習慣。看完網站後，透過近期的事業報告加強不足之處，然後比較兩個分析師的資料，這麼一來，肯定能做出好的決策。

圖表4-7 　管線開發進行現況

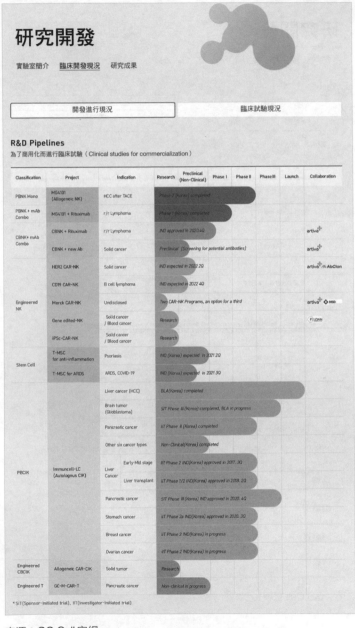

來源：GC Cell 官網。

圖表 4-8　管線臨床試驗現況

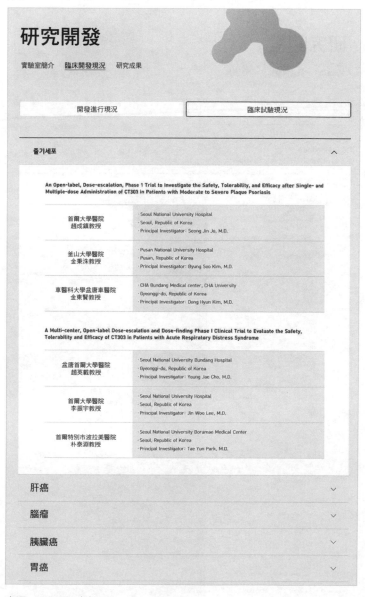

來源：GC Cell 官網。

圖表 4-9　專利與論文列表

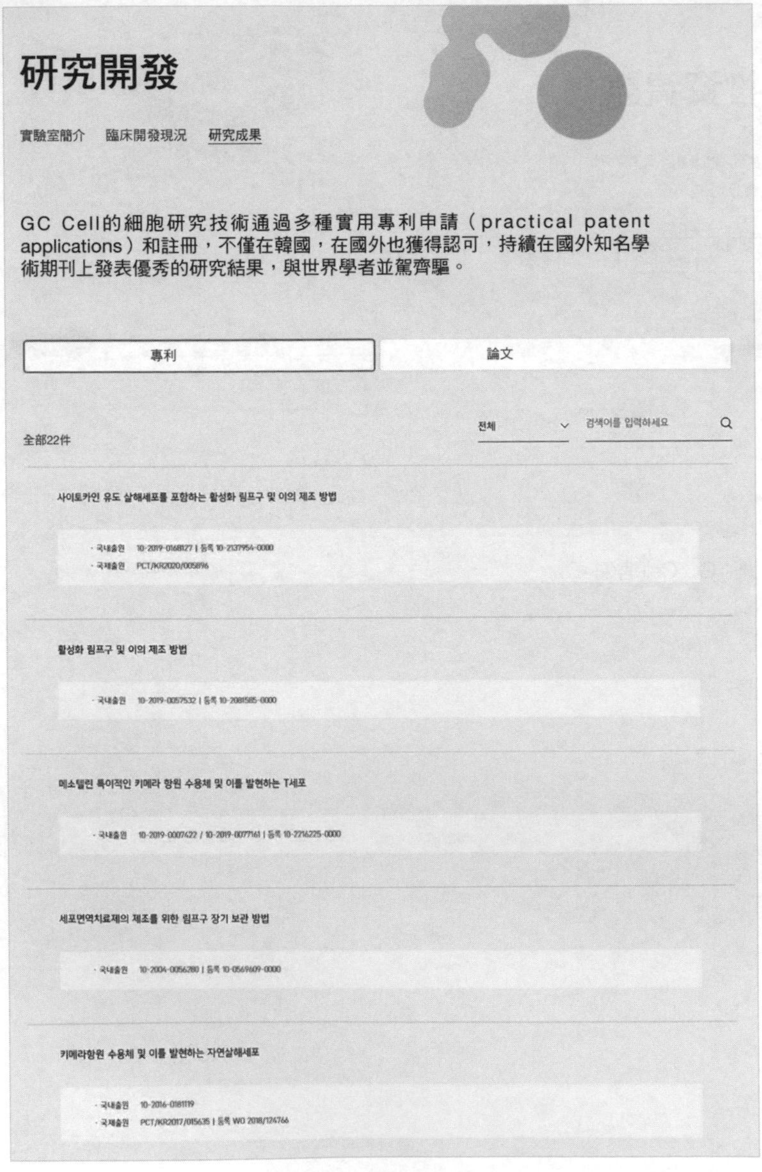

研究開發

實驗室簡介　臨床開發現況　研究成果

GC Cell的細胞研究技術通過多種實用專利申請（practical patent applications）和註冊，不僅在韓國，在國外也獲得認可，持續在國外知名學術期刊上發表優秀的研究結果，與世界學者並駕齊驅。

專利	論文

全部22件　　　　　　　　　　　　　　　　전체 ∨　검색어를 입력하세요 🔍

사이토카인 유도 살해세포를 포함하는 활성화 림프구 및 이의 제조 방법

- 국내출원　10-2019-0168127 | 등록 10-2137954-0000
- 국제출원　PCT/KR2020/005896

활성화 림프구 및 이의 제조 방법

- 국내출원　10-2019-0057532 | 등록 10-2081585-0000

메소텔린 특이적인 키메라 항원 수용체 및 이를 발현하는 T세포

- 국내출원　10-2019-0007422 / 10-2019-0077161 | 등록 10-2216225-0000

세포면역치료제의 제조를 위한 림프구 장기 보관 방법

- 국내출원　10-2004-0056280 | 등록 10-0569609-0000

키메라항원 수용체 및 이를 발현하는 자연살해세포

- 국내출원　10-2016-0181119
- 국제출원　PCT/KR2017/015635 | 등록 WO 2018/124766

來源：GC Cell 官網。

圖表 4-10　　**投資資訊**

來源：GC Cell 官網。

臺灣公司，怎麼看 IR BOOK

1. 前往官網（以生達〔1720〕為例）。

來源：生達化學製藥官網。

2. 點選投資人專區＞股東會資訊。

來源：生達化學製藥官網。

3. 在歷年股東會資訊中，可以點選最新的年報檢視。

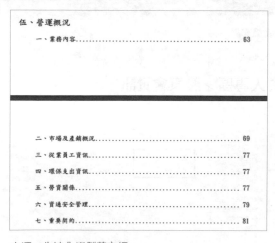

來源：生達化學製藥官網。

4. 在檔案中，可以檢視公司的業務內容與市場及產銷概況，
　 獲得公司近期的研發資訊及在市場上的競爭狀況。

伍、營運概況	
一、業務內容	63
二、市場及產銷概況	69
三、從業員工資訊	77
四、環保支出資訊	77
五、勞資關係	77
六、資通安全管理	79
七、重要契約	81

來源：生達化學製藥官網。

5. 此外，有些公司會直接把臨床內容放在首頁，根據公司不
　 同，獲取資訊的方式亦有差異。

3 生技股篩選標準

　　選擇投資項目的標準，除了專業人士的建議之外，還結合了散戶的自身經驗，所以對每個人來說篩選標準肯定都不一樣。但考量到我們現在要投資的是生技公司，我想提供幾個必須檢視的條件。

　　首先，要檢視執行長是否能帶領企業成長，以及公司人員是否有專業能力。雖然其他產業也是這樣，但在生技產業中，執行長對公司的影響力特別大。大部分生技公司的執行長既是擁有核心技術的研究學者，同時也是經營者。

　　越新的生技公司，執行長的影響力就越大，甚至還能扮演財務長（CFO）的角色，負責研究、經營以及籌集研究資金，可以說是一人公司。

　　當公司成長為中堅生技公司後，大部分的執行長依然對市場擁有很大的影響力，我們可以在美國的生技公司中看到這種現象，萬一核心人力捲入爭端或離開公司，都會對股價帶來巨大影響。那麼具體來說，檢視執行長的重點是什麼？

　　最該檢視的重點在於，執行長是否在該生技公司所屬的細

節生技領域長期研發。看近期 IPO 公司的執行長，大部分都有長期的研究經驗，從大學或研究所起就開始研究，這樣的執行長可說是具備了核心技術力。但是，在技術力方面獲得高分，和將技術轉化為事業是兩回事，因此，當公司成長到不同的階段時，需要努力適時確保發展事業所需的專業人才，如技術策略、臨床開發、生產管理、海外技術行銷、資金管理等。

尤其大部分的韓國生技公司將新藥開發到最終階段的經驗和資金都不多，必須積極向全球大型製藥廠輸出技術。正因如此，生技公司的經營者不僅要掌握全球大型製藥廠的技術動向，也迫切需要經營國際人脈的能力，藉此尋求技術諮詢或提高技術輸出的可能性。最近韓國有潛力的生技公司，執行長大多都擁有國外研究經驗或人脈，如果往後要積極推動海外技術輸出，這將會被視為正面因素。

正在開發 Inflammasome 抑制劑的韓國生技公司 Shaperon，就是一個強化國際人脈的好例子。

Shaperon 預計於 2022 年在 KOSDAQ 上市（按：已於 2022 年 9 月上市），創辦人兼開發 Inflammasome 抑制劑核心技術的執行長成承勇，是韓國免疫學的最高權威。最近，他從國際製藥公司聘請了擁有長期經驗的李明世，他在國際製藥公司工作二十多年，是個國際人才，具有策略企劃、事業開發、醫療、行銷等各種經驗，也是生技公司的經營專家。

成承勇在上市前夕，為了讓公司更加成長為臨床二期的生技公司，決定專注於研發，其他經營面則交由對生技公司擁有

豐富經營管理經驗的專家全權負責。成承勇在適當的時期做出有策略的判斷，讓投資人更信賴他的決策能力，兩位專家齊心協力，發揮加乘的綜效。

　　一般來說，投資生技股需要好幾年的時間，因此要好好觀察執行長能否帶領公司成長。而其中，最重要的標準是「信賴」：執行長的決策能否總是讓人信賴、被新聞報導時能否堅守慎重的態度、企業資訊管理是否違背道德……如果在這些方面，你都無法相信執行長，那就要立即拋售該公司股票。

除了技術創新，基礎也要打好

　　再來是技術的創新。生技創新指的是挑戰至今都沒有嘗試過的新領域，或是研發出細節基礎技術，突破新藥製作過程中遇到的問題。

　　舉例來說，CRISPR-Cas9 和 siRNA 的核酸療法，能夠著手於過去因技術限制而難以修改的基因，而且很有可能開發出未知領域的遺傳疾病等罕見疾病藥物，因此受到了很高的評價。以前為了抑制病因蛋白質，集中在開發小分子化合物或抗體上，所以如果沒有發現特定結合部位，找不到攻占蛋白質的方法，就無計可施。不過，CRISPR-Cas9 和 siRNA 可以直接將 DNA 或 RNA 當成目標，不僅擴大治療領域，還能進行根本性的治療。新的創新技術能夠像這樣，以不同以往的全新方式開拓新市場。

讓這些生技創新技術得以具體化的推手是細節基礎技術。無論創新技術有多好，如果沒有同時開發細節的基礎技術，能使用技術的適應症就受限，或者根本不可能開發新藥。

目前的情況是將 CRISPR-Cas9 或 siRNA 直接注射在患處，或是裝在藥物載體上送往肝臟；因此，正在開發的新藥物質的適應症，主要是針對暴露在外的眼睛、皮膚或以肝臟受體為目標的視網膜下纖維化（subretinal fibrosis）來開發，也是出於這個原因。

技術的創新不僅展現在熱門的基因與細胞療法上，還出現在已經進行到一定程度的抗體療法或小分子化合物上，以抗體為基礎的抗體藥物複合體或雙特異性抗體，都是具有代表性的案例。因此，選擇想要投資的領域固然重要，但也要確認該公司在該領域的技術是否創新。

挑選公司的第一步，檢視技術移轉情況

另一個該檢視的部分，是技術力和新藥的可能性。通常，散戶最想知道的問題之一，就是投資哪個階段的生技公司最好，其實這沒有正確答案。我認為，越了解生技知識的專業投資人，越有可能選擇還在初期階段的公司；如果對公司技術的科學知識了解不多、缺乏投資經驗，就要經過一定程度的驗證後再投資。

那麼，這個「一定程度」的驗證，到底是指什麼時候？

　　最近越來越多人積極買進未上市的生技公司，**投資未上市股票時，我建議至少要挑選擁有動物實驗數據的公司**。從機率上來看，創立生技公司後進行物質開發，並在動物實驗中取得好結果，可說是已經通過了非常艱難的階段，雖然之後還有更大的關卡，但至少能藉此判斷該公司已經踏上了能挑戰下一關的位置。

　　那麼，又該如何判斷上市公司？上市公司大部分都已進入臨床階段，在一定程度上可以看作是獨家技術已經通過驗證，但在我們關注的公司中，究竟誰能突破諸多挑戰生產新藥，或在製造新藥方面擁有重要的細節基礎技術，並與大型製藥廠技術合作？挑選這種公司的好方法之一，就是檢視技術移轉情況，以及最領先的管線進展。

　　最了解生技公司技術水準的專家，是正在開發相關技術新

圖表 4-11　評估已上市生技公司時最重要的因素

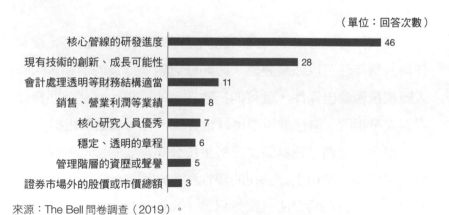

（單位：回答次數）

核心管線的研發進度	46
現有技術的創新、成長可能性	28
會計處理透明等財務結構適當	11
銷售、營業利潤等業績	8
核心研究人員優秀	7
穩定、透明的章程	6
管理階層的資歷或聲譽	5
證券市場外的股價或市價總額	3

來源：The Bell 問卷調查（2019）。

藥的國際製藥公司。因此，他們選定的生技公司，在一定程度上，可以被想成其技術已經「獲得世界認可」。**如果生技公司曾成功輸出技術給世界級生技製藥公司，就可視為其技術能力間接獲得驗證。**

接下來，是檢視管線。管線指的是製藥生技公司開發新藥的案子，新藥開發項目的整體現況，代表了這間公司的能力。光看官網就能了解該公司有多少管線正在進行，以及最先進的管線進行到什麼程度；更進一步，還要檢視管線的數量和品質，而那能否成為平臺技術，也是重要的考量條件。

到目前為止，我說明了值得投資的企業必備條件：首先，執行長和主要管理階層，長期在相關領域擁有研發經驗，公司擁有良好的國際人脈，而且市場對執行長有高度信賴；第二，在技術方面，擁有創新性的平臺技術，與現有的治療方式完全不同，曾經向國外公司輸出技術；第三，有多種管線正在進行，**最領先的管線必須是臨床二期**，還要確保他們擁有往後兩年能專心研發的資金。

雖然你可能會懷疑，真的能滿足所有條件嗎？但是，沒有任何一個條件可以輕易妥協。假如缺乏對執行長的信賴、國際人脈或技術輸出條件，就可能招致致命的結果，雖然這些條件看似大不相同，但仔細檢視後就會發現，一切都環環相扣。

現在，我們已經具備了分析生技公司需要的核心知識，也學到了生技產業和生技公司的屬性和生技細節領域的技術，以及分析生技公司的方法。雖然只讀一次很難建立投資架構，但

值得投資的生技股必備條件

✔ **CEO 和核心管理階層的資歷**

☐ 研發資歷

☐ 建立能推動事業的管理階層（是否擁有臨床開發、技術策略、海外技術行銷、資金管理等專業人才）

☐ 國際人脈經營能力

✔ **CEO 信賴度**

☐ 媒體發表時堅守慎重態度

☐ 企業資訊管理

☐ 道德

✔ **技術的創新**

☐ 全新的治療方法

☐ 周邊基礎技術發展現況

☐ 平臺技術：管線數量

✔ **投資時機**

☐ 未上市的生技公司：獲得動物實驗數據後

☐ 上市公司：最領先的管線是臨床二期，同時擁有技術輸出的經驗

✔ **持有現金**

☐ 上市公司平均可使用兩年的資金

如果反覆閱讀多次，每天花點時間學習市場趨勢，累積實戰經驗，我相信不僅在生技領域，無論投資什麼都能成功。

在下一章，我會利用目前學到的內容，來研究美國和韓國具代表性的生技公司。我想先聲明，我不是要推薦標的，反而更注重於分析企業時需要掌握哪些要點，並解釋不同公司的核心競爭力為何。我們要好好分析企業技術和競爭力，才能評估價值。

第五章

8 間正在挑戰新藥的公司

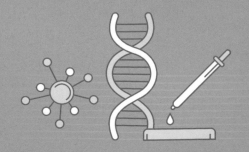

1 美國基因編輯公司—— Intellia Therapeutics

2020 年以 CRISPR-Cas9 獲得諾貝爾化學獎的道納，2014 年以共同創辦人的身分創立了 Intellia Therapeutics，目標是要利用 CRISPR 基因編輯系統開發生技療法。該公司獲得加州大學 CRISPR 相關智慧財產權後，正在開發藥物。

執行長約翰·倫納德（John Leonard）在生技製藥領域致力研發 30 年，2013 年辭去在艾伯維的工作，於 2018 年加入 Intellia，投入研究如何將 CRISPR-Cas9 應用在臨床實驗上。CRISPR-Cas9 技術十分創新，在實際運用方面勢必會面臨各種困難，但約倫納德過去曾開發愛滋藥物 Norvir、Kaletra、Humira 等創新藥品的豐富經驗，在開發新藥方面，為 Intellia 注入了活力。

Intellia 的董事會由 8 位生物製藥專家組成，法蘭克·維威爾（Frank Verwiel）擔任董事長，維威爾在生技製藥領域有 25 年經驗，除了擔任過執行長之外，還有經營和策略等多種經驗，目前兼任多間生技公司董事長，相當具有實力。

主打技術力

「我們可能站在終結遺傳病的門檻上。」這句話，由發明 CRISPR-Cas9 而在 2020 年獲得諾貝爾化學獎的道納所說。CRISPR-Cas9 與 NGS 並列創造新生技時代的新技術，為之前認為不可能治癒的遺傳病提供了治療方法。

Intellia 擁有專利使用權的 CRISPR-Cas9 由兩個分子組成。Cas9 蛋白質能識別 DNA，像分子剪刀一樣活動，剪斷目標 DNA 雙股；而嚮導 RNA 能確認對象是否為目標 DNA，引導 Cas9。

CRISPR-Cas9 最初起源於細菌的防禦機制。這套系統是當細菌遭病毒入侵時，會在自己的基因體中植入入侵病毒一部分的 DNA 並記住，之後如果同樣的病毒再次入侵，就會對照之前植入的病毒基因，用 CRISPR-Cas9 複合體剪斷入侵者。

Intellia 正在利用這種 CRISPR-Cas9 技術開發療法，控制基因沉默、修補或植入，進而治療罕見遺傳疾病。Intellia 基因編輯療法的開發過程是先了解疾病成因，發現基因缺陷後，再將 CRISPR-Cas9 送往目標組織進行治療。

雖然該公司的 CRISPR-Cas9 在治療罕見遺傳疾病方面，具有無限可能性，但目前仍有不少技術限制。不過，儘管適用範圍尚有限制，這也意味著往後還能擴張至其他領域。

目前的技術瓶頸主要包含 4 個方面。

第一、目前療法只開發到剪斷目標 DNA 雙股，使基因無

圖表 5-1 基因編輯療法開發過程

藥物需求尚未滿足　病理生理學致病基因　　編輯工具　　傳遞到目標組織

來源：Intellia Therapeutics 官網。

法發揮作用。CRISPR-Cas9 剪斷目標基因後，被剪斷的 DNA 會經過修補過程，兩端重新接合，但這過程中也可能導致核酸被植入或去除，喪失基因本來製造蛋白質的功能。

　　第二、可識別的 PAM 序列有限。Cas9 蛋白質需要與 PAM 序列結合，才能找到目標基因，但目前的問題是，CRISPR-Cas9 只能接近鳥嘌呤較多的地方；換句話說，它無法隨心所欲的接近任何基因序列，治療範圍受限。因此，需要開發能識別各種 PAM 序列的 CRISPR-Cas9。

　　第三、傳遞的界限。這不僅是 CRISPR-Cas9 的問題，同樣被歸類為核酸療法的 mRNA 及 siRNA 療法也受此限制，所以適應症並不多，藥物傳遞到腦血管壁的成功率很難超過 1％。載體大部分由脂質構成，注射到血液時很難傳遞到肝臟以外的目標組織，這是需要解決的重要課題之一。

　　此外，脂質奈米微粒和腺病毒常作為 CRISPR-Cas9 的載體使用，但可以進入載體的藥物大小有限，因此科學家正在積極研究如何縮小 CRISPR-Cas9，開發這些技術的新創公司，價

值亦不斷飆升。

　　最後是脫靶問題，這畢竟是處理 DNA 的技術，一旦有什麼失誤，就可能危及病患性命，所以目前正在嘗試各種方法來提升正確度。

管線和臨床進展現況

　　Intellia 的管線大致可分為 in vivo 和 ex vivo 兩種。in vivo 方面，NTLA-2001 以遺傳型類澱粉蛋白疾病為適應症，正在進行全球一期試驗，與再生元製藥合作開發。另一方面，ex vivo 中最領先的管線是 OTQ923/HIX763，以鐮刀型紅血球疾病（sickle-cell disease，簡稱 SCD）為適應症，正與諾華合作進行全球一期和二期。

　　生技界關注的 NTLA-2001 基因療法，會將基因剪刀直接植入人體內，其目標適應症——遺傳型類澱粉蛋白疾病，由基因突變引起，如果蛋白質在內質網異常折疊，就會形成畸形蛋白質，在特定器官和組織中累積而形成疾病。

　　Intellia 能以 CRISPR-Cas9 剪斷類澱粉蛋白的基因，降低血管中類澱粉蛋白的濃度，其特點是僅注射一次就永久有效，這是史上首次將基因剪刀植入人體的臨床試驗，備受生技業界的關注。

　　臨床一期以 6 名病患為對象，公布中間結果時表示，血液中類澱粉蛋白的濃度平均減少 87%。艾拉倫針對同樣適應症的

圖表 5-2　Intellia Therapeutics 管線現況

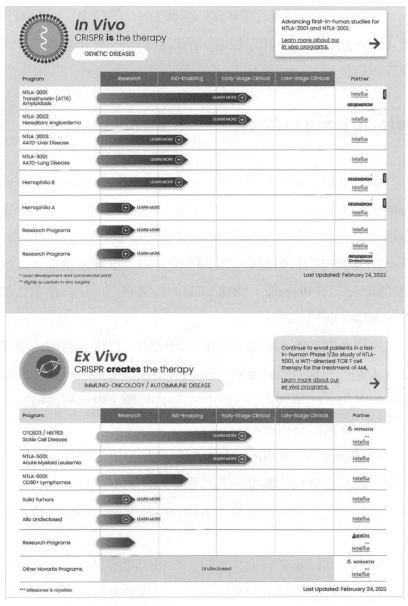

來源：Intellia Therapeutics官網。

siRNA 藥物詠葆玖，將類澱粉蛋白的濃度減少 80% 以上，有鑑於此，Intellia 的數值可說是相當良好。

在 ex vivo 管線中最領先的 OTQ923/HIX763，利用基因剪刀切斷骨髓造血細胞的目標基因，藉此治療 SCD。正常人的紅血球呈現圓盤狀，但 SCD 病患的紅血球呈鐮刀狀，無法在血管內順利流動，也無法正常執行運輸氧氣的功能。OTQ923/HIX763 的療法是在病患身體之外，以該公司的 CRISPR-Cas9 編輯基因，再將編輯過的骨髓造血幹細胞重新放入病患體內，以抑制畸形紅血球。

股價、財務現狀及未來展望

截至 2022 年 3 月，扣除負債後，該公司擁有約 9.94 億美元，推估 1 年營業虧損約 5 億美元，也就是說已確保了兩年左右可使用的現金，在 2022 年 6 月 28 日，市值為 40 億美元。Intellia 以最創新的技術進行臨床試驗，但失敗率並不低，因此也要承擔相當的投資風險。

如果 in vivo NTLA-2001 臨床試驗，能像臨床一期中間結果那樣持續取得好結果，股價就可能進一步提升。

Intellia 於 2022 年 6 月公布了數據，NTLA-2001 低劑量單次注射基因編輯，在 12 個月來平均維持減少 89% 的突變蛋白質，證明了治療效果長期保持不變。CRISPR-Cas9 的技術擴展可能性很大，前面提到的多種目前技術障礙反而會成為擴大未

圖表 5-3　Intellia Therapeutics 股價走勢圖

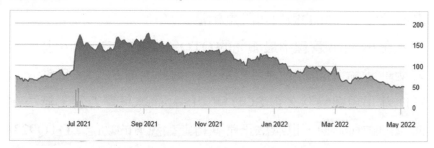

來源：Seeking Alpha。

來價值的原動力。至於專利權訴訟相關風險也有時間處理，很
有可能會以支付適當使用費的協議圓滿解決。因此，市場將集
中在該公司擁有的尖端技術臨床開發能力上。

2 美國 PROTAC 公司── Arvinas

耶魯大學（Yale University）教授克雷格・克魯斯（Craig Crews）成功合成能連接泛素連接酶（E3 Ubiquitin ligase）的連接鍊（binder），並創立了 Arvinas，這是 2018 年第一個在那斯達克上市的 PROTAC 公司。

Arvinas 執行長約翰・休斯頓（John G. Houston）是在製藥界擁有三十多年經驗的頂尖生技專家，在加入 Arvinas 之前，他在必治妥施貴寶的各種技術研發部門，累積了 18 年的經驗，也擔任研發經營負責人之一，曾參與超過 200 個初期階段的物質開發，也開發多個晚期進入臨床試驗和商業化階段的管線。

此外，該公司 7 位最優秀的專家組成科學諮詢團，其中最有代表性的顧問，也就是創辦人克魯斯，被評價為目標蛋白質降解領域的先驅者。25 年來，他在耶魯大學研究調節細胞內蛋白質濃度的小分子物質，獲得了卓越成果，他同時也是開發出多發性骨髓瘤藥物凱博斯（Kyprolis）的生技公司 Proteolix 的共同創辦人。

主打技術力

該公司的核心技術是 PROTAC。PROTAC 是將蛋白質降解的媒介，也就是讓 E3 連接酶黏在引發疾病的目標蛋白質上，讓疾病蛋白質降解的機制。

PROTAC 受到業界關注的原因有兩個。

第一個是**癌症對現有藥物產生抗藥性**，近期受矚目的癌症療法「標靶療法」被點出癥結點。為了治療癌症，標靶療法會將疾病蛋白質的活性部位或縫隙作為標靶，但在一、兩年內，癌症就會在目標蛋白質的活性部位發生突變，使得藥物不再有效，因為標靶蛋白質會突變而產生抗藥性。

試過第一線和第二線標靶療法後，就沒有其他治療方法了，這就是抗藥性的可怕之處。然而，**PROTAC 的特點是，只要與疾病成因蛋白質近距離結合就能使其降解，而且不會產生抗藥性，因此被視為能克服癌症抗藥性的方法之一。**

PROTAC 引起大型製藥廠極大關注的第二個原因是，即使濃度很低，也能使目標蛋白質降解。韓國化學技術研究所（KRICT）透露，在約三千多種人類已知疾病原因的蛋白質中，僅有四百多種蛋白質獲得 FDA 批准的藥物標靶，占13％。即使查明特定蛋白質是病因，要是找不到可設為標靶的活性部位或縫隙，依然難以開發出新藥。

不過，PROTAC 技術能解決這些問題，利用存在於我們身體細胞中的泛素蛋白酶體系統，就能使目標蛋白質降解。為了

取得生存所需的蛋白質原料——胺基酸，細胞內有兩個回收系統，泛素蛋白酶體系統就是其中之一。

順帶一提，溶酶體會分解流入的蛋白質，與特異性無關；泛素蛋白酶體只會分解由泛素標記的特異性蛋白質，兩者系統不同，我們必須先分辨再牢記。

泛素蛋白酶體系統由泛素、泛素活化酶 E1、泛素接合酶 E2、泛素連接酶 E3、目標蛋白及回收蛋白質的複合蛋白「蛋白酶體」組成。雖然看起來有點複雜，但原理很簡單：E1 會活化一種叫做泛素（可以想成是氣球）的蛋白質，接在自己身上後，E2 就會把泛素拿過去；然後，泛素連接酶 E3 會一手牽著目標蛋白，一手牽著 E2，那麼 E2 上的泛素就會轉移到目標蛋白上。

簡單來說，只要把泛素想成一種標記，並把這個過程當成將泛素轉移至我們想要降解的目標蛋白質。

反覆這個轉移過程幾次後，當目標蛋白上連接超過 4 個泛素時，就會自動吸引一種名為蛋白酶體的回收複合蛋白，使目標蛋白降解回收利用。

Arvinas 的 PROTAC 技術，就是自然利用我們細胞中原有的機制開發出的療法，分為與目標蛋白質結合的攻擊端（warhead，配位基）、與 E3 結合的結合劑（binder，配位基），以及連接這兩者的連接鍊。當 PROTAC 的攻擊端與目標蛋白結合，結合劑與 E3 結合後，E3 會叫攜帶泛素的 E2 過來，將泛素傳遞給目標蛋白，最終讓目標蛋白在蛋白酶體中降

圖表 5-4　**PROTAC 的結構和機制**

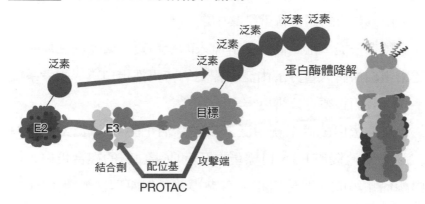

解。也就是說，小分子化合物或抗體的機制是附著在疾病原因，也就是目標蛋白的活性部位，使其無法活化，PROTAC 的機制則是去除目標蛋白質本身。

最近的研究顯示，PROTAC 表現出比抑制劑更優秀的目標選擇性，因此，在安全性方面也有望取得良好的臨床結果。

由於 PROTAC 由 3 個要件組成，運用在口服藥或腦疾病領域時，會有體積偏大的問題，不過縮小尺寸的迷你 PROTAC 也已經取得了開發成果，往後有望擴展到其他適應症。

管線和臨床進展現況

Arvinas 是 PROTAC 領域的領頭羊，從 2019 年開始針對轉移性前列腺癌症藥物 ARV-110 及乳癌藥物 ARV-471 進行臨床一期試驗，目前正在進行二期。

ARV-110 是雄性素（androgen）受體分解劑。我們在前面學過，受體是在細胞表面擔任郵筒的蛋白質，PROTAC 療法在這裡的機制，是分解並消除雄激素受體蛋白質；其原理是清除擔任郵筒的這個受體，阻斷之前引發問題的外部資訊，藉此治療癌症。

而 Arvinas 以已經接受過各種治療、卻沒有好轉的病患為對象，進行臨床一、二期試驗，結果在有特定雄激素受體突變的 5 人當中，ARV-110 讓兩人的前列腺生物標記──前列腺特異抗原（Prostate Specific Antigen，簡稱 PSA）減少了 50％。Arvinas 正以此結果為基礎，進行增加劑量的二期試驗。

另一個與輝瑞共同開發的臨床二期管線──雌激素受體（Estrogen Receptor，簡稱 ER）分解劑 ARV-471，是針對乳癌的療法，以有過各種治療經驗卻沒有好轉的病患為對象，進行臨床一期。

Arvinas 表示，12 位轉移性乳癌病患 ER 陽性、HER2 陰性（陽性指發現相關蛋白質，陰性指沒有發現）當中，5 位出現抑制癌症的效果，臨床受益率為 42％。

除了治療癌症或免疫疾病之外，目前也在開發神經科學領域的管線，就是以 Tau 蛋白或 α-突觸核蛋白（alpha synuclein）等神經疾病原因蛋白質為目標開發的 PROTAC 管線。雖然目前還處於研究階段，但利用「Mini PROTAC」的新技術開發神經疾病藥物的概念，就足以引起人們的關注。

儘管 PROTAC 技術仍在進行臨床二期試驗，但透過近期

圖表 5-5　Arvinas 管線現況

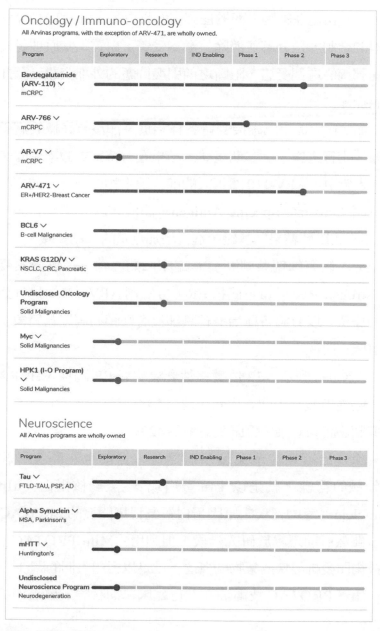

來源：Arvinas官網。

圖表 5-7　**PROTAC 主要交易現況**

日期	生技公司／研究機構	大型製藥廠	金額 （單位：億美元）
2020/7	Kymera	賽諾菲	20
2020/1	Nurix	賽諾菲	25
2019/6	Nurix	吉利德	25
2019/5	Kymera	福泰製藥 （Vertex）	金額不詳
2019/1	Arvinas	拜耳	11
2019/1	C4	百健	41
2018/4	Kymera	GSK	金額不詳
2018/1	Arvinas	輝瑞	8.3
2017/11	Arvinas	基因泰克	6.5
2017/9	美國加州大學 柏克萊分校	諾華	金額不詳
2016/1	C4	羅氏	7.5
2016/7	英國鄧迪大學	百靈佳殷格翰	金額不詳
2015/4	Arvinas	默克	4.3

來源：韓國產業技術評價管理院（KEIT）。

主要交易現況，就能看出大型製藥廠的高度期待。

　　以 2015 年 Arvinas 與默克簽訂 4.3 億美元的合約作為開頭，2020 年簽訂合約的總金額竟超過 20 億美元，尤其賽諾菲為了獲得 PROTAC 技術，表現相當積極，在 2020 年 1 月與 Nurix Therapeutics 簽訂 25 億美元的交易，並在 2020 年 7 月與蛋白質降解新創 Kymera Therapeutics 簽訂 20 億美元的合約。

　　與最近備受矚目的微生物基因體等新機制相比，這是非常大的交易規模。

3 美國 NK 細胞療法公司── Fate Therapeutics

　　生技公司 Fate Therapeutics 由麻省理工學院（MIT）生物學教授魯道夫・耶尼施（Rudolf Jaenisch）於 2007 年成立，他最知名的研究與基因調節的表觀遺傳機制和胚胎幹細胞相關。魯道夫也是基因轉移動物模型研究的先驅者，主要目的為研究癌症和神經疾病。

　　公司執行長史考特・渥可（Scott Wolchko）擁有生物醫學工程的學術背景，也曾在投資銀行摩根士丹利（Morgan Stanley）工作過。作為摩根士丹利投資銀行健康照護集團的成員，他主導了該領域新成長公司的資金籌措和併購交易，還曾在自動化數據保護監控公司 Bocada 擔任過財務長。

　　至於研究總監鮑伯・瓦拉梅爾（Bob Valamehr），他負責研發領域，曾在安進長期研究幹細胞及癌症相關的訊號傳遞途徑，而 Fate Therapeutics 以誘導性全能幹細胞為主要研究內容，因此他可說是負責研發的最佳人選。

　　在細胞療法領域，細胞的培養和分化相關工程技術比其他生物技術更重要。該公司負責管理生產工程的技術長是馬克・

普拉夫錫（Mark Plavsic），他在法國生技公司 Lysogene、美國免疫細胞療法研發商 Torque Therapeutics、賽諾菲等，擁有約 20 年製藥生產工程管理經驗，被公認為這領域的老手。

主打技術力

該公司主要製造分化誘導性全能幹細胞的 NK 細胞，**只要在皮膚細胞中加入具有倒轉細胞時間功能的基因，就可以形成逆分化，製出可以分化成任何細胞的誘導性全能幹細胞**。其原理是導入的基因讓蛋白質表現後，這些蛋白質會倒轉皮膚細胞的時間。

誘導性全能幹細胞的特性，是能避免胚胎幹細胞可能發生的道德上問題，同時也與成體幹細胞不同，具有可分化成任何細胞的全能性特質，是備受矚目的次世代幹細胞。

當我們體內出現癌症或病毒等抗原時，NK 細胞是最先出來防禦的先天免疫系統之一。 NK 細胞不需要其他特別的刺激，就能攻擊癌細胞，具有多種探測器，以及如穿孔素或顆粒酶等殺傷武器。NK 細胞會利用這些武器攻擊被感染的細胞，同時向其他免疫細胞傳遞訊號物質，要它們一同防禦。

NK 細胞的另一個特點是，不僅可以利用自己的細胞來製作，還可以使用別人的細胞，因此與 T 細胞不同，可以做成現貨型藥物，是其一大優點。

獲得 NK 細胞的方法是，從健康的人末梢血液中取出微

量、或是從臍帶中分離，或是導入誘發皮膚細胞逆分化的基因（按：引自日本京都大學山中伸彌教授團隊的雞尾酒療法）進行逆分化，製造出誘導性全能幹細胞，再分化成 NK 細胞。

在分化誘導性全能幹細胞的 NK 細胞療法領域中，Fate Therapeutics 是領先全球的公司，他們擁有的基礎技術，能從種源誘導性全能幹細胞中生產出各種需要的免疫藥物；另外一個特點是，在 NK 細胞療法開發過程中，採用多種基因重組技術來加強殺傷力，也就是基因技術與細胞技術的融合。

我在這邊簡單說明一下，該公司的基因重組誘導性全能幹細胞的開發過程。首先，會將基因重組，讓健康的人的種源誘導性全能幹細胞表面的受體更能識別癌細胞並與癌細胞結合，再依序分化出造血幹細胞、NK 細胞，並大量擴增，這一步完美結合了近期生技界非常關注的基因與細胞療法技術的精髓。這也是為什麼 Fate Therapeutics 雖然還在臨床一期，市價總額卻已經這麼高。

如此完成的 NK 細胞，會透過抗體依賴性細胞毒殺作用（Antibody Dependent Cellular Cytotoxicity，簡稱 ADCC）攻擊癌細胞。一般的抗體藥物會識別出附著在癌細胞表面的抗原，先與抗原結合，Fate Therapeutics 所製造的 iNK 細胞（分化誘導性全能幹細胞的 NK 細胞），在基因重組後變得更強大，會再次與抗體藥物結合，依次分泌穿孔素和顆粒酶，去除癌細胞。

綜上所述，該公司獨有的技術優勢在於，將種源誘導性全

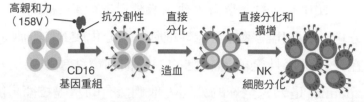

圖表 5-8 hnCD16-iNK 細胞的生產過程

來源：Fate Therapeutics 官網。

能幹細胞分化成 NK 細胞的過程中，讓 NK 細胞擁有很強的殺傷力；另一個優勢在於基因重組，讓在分化過程或攻擊癌細胞時，抗體依賴性細胞毒殺作用的核心要素，也就是 NK 細胞的特定受體更堅固、具有更卓越的結合力。

動物實驗顯示，與非變形 iNK 細胞或從末梢血液中取出的 NK 細胞相比，搭載該公司基因重組受體的 iNK 細胞，能表現出更有效的 ADCC 作用。另外，搭配抗體療法時，ADCC 作用不僅對血癌，對固態瘤的表現也更好。

管線和臨床進展現況

Fate Therapeutics 擁有 7 個臨床一期和 3 個臨床前期管線。從細胞的種類來看，iNK 細胞占多數，其次是以血癌為適應症的 iT 細胞（分化誘導性全能幹細胞的 T 細胞）。最領先的管線是 FT516 和 FT596，iNK 細胞的臨床試驗以淋巴瘤作為

適應症。

　　首先，FT516 這種療法同時使用 hnCD16-iNK 和 CD20 抗體療法，這是以血癌的 B 細胞淋巴瘤病患為對象進行的臨床一期試驗。hnCD16-iNK 經過基因重組後，iNK 細胞表面的受體 CD16 更堅固、結合力更高，並且在臨床試驗中，也搭配市售的抗體療法來治療淋巴瘤。

　　11 位 B 細胞淋巴瘤病患接受 iNK 細胞療法 FT516，注射 3 個月後，總反應率為 73％（8人），有 6 位完全緩解。但根據 2021 年 7 月追加數據分析顯示，有兩位完全緩解的病患身上再次出現了腫瘤，一位對藥物有部分反應的病患進行了追加抗癌治療。

圖表 5-9　Fate Therapeutics 的管線

PROGRAM	CELL TYPE FUNCTIONALITY	TARGET(S)	INDICATION(S)	RESEARCH	PRECLIN	PHASE 1	PHASE 2	PHASE 3
			iPSC-DERIVED CELL PRODUCTS					
FT516	iNK hnCD16	CD20	BCL + CD20 mAb	Hematology				
		n/a	AML					
FT596	iNK hnCD16 + IL15RF + CAR-19	CD19, CD20	BCL, CLL ± CD20 mAb					
FT538	iNK hnCD16 + IL15RF + CD38-KO	n/a	AML					
		CD38	MM + CD38 mAb					
		CD38	Solid Tumors + mAb					
FT576	iNK hnCD16 + IL15RF + CD38-KO + CAR-BCMA	BCMA, CD38	MM + CD38 mAb					
FT819	iT CAR-19, TCR-KO	CD19	BCL, CLL, ALL					
FT536	iNK hnCD16 + IL15RF + CD38-KO + CAR-MICA/B	MICA/B	Solid tumors ± mAb					
FT573	iNK hnCD16 + IL15RF + CD38-KO + CAR-B7H3	B7H3	Solid tumors ± mAb					
			iPSC-DERIVED CELL PRODUCTS – CANCER IMMUNOTHERAPY COLLABORATIONS					
Janssen	iNK and iT	undisclosed	≤ 4 tumor targets					
Ono Pharma	iT	undisclosed	1 tumor target					

來源：Fate Therapeutics 官網。

此外，另一位部分好轉的病患在第 4 個月進行了追加抗癌治療。有 4 名病患因對藥物有反應而完全緩解（4～9 個月）、一名病患對藥物有部分反應（6 個月）；這 5 名病患的治療效果有持續下去，不需要追加抗癌治療。等到 2022 年上半年的數據公布後，將決定股價方向（按：Fate Therapeutics 於 2023 年第 1 季停止 FT516 在急性骨髓性白血病及 B 細胞淋巴瘤的臨床開發）。

其次有進展的管線是 FT596，同樣以 B 細胞淋巴瘤作為適應症，正在進行臨床一期，且於 2021 年 8 月發表了良好的中間結果。

如果說 FT516 是在 iNK 細胞上安裝可以探測癌細胞的強力 hnCD16 受體，那麼，FT596 的 iNK 細胞療法就是在 FT516 的基礎上，導入以癌細胞表面抗原蛋白質 CD19 為標靶的 CAR19，以及促進 NK 細胞生長和分化的 IL-15（Interleukin-15，介白質 -15）受體；臨床試驗搭配以 CD20 為標靶的抗體療法莫須瘤（Rituximab）進行。注射細胞療法 FT596 的病患共有 14 位，整體反應率為 71%（10 名），且觀察到 7 名病患完全緩解，這可說是非常優良的結果。

於 2021 年 12 月，FT596 在美國血液學會（American Society of Hematology）發表了良好的臨床結果，也為 FT516 中發現的藥物持續性問題提供了能解決的線索。這就是促進 NK 細胞生長和分化、強化藥物持續性的 IL-15 受體之效果而備受關注的原因。

圖表 5-10　**探測癌細胞的 FT596 結構**

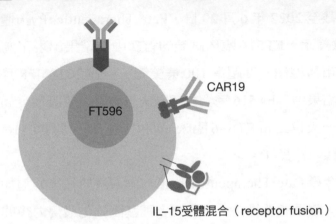

來源：Fate Therapeutics 官網。

　　在技術輸出方面，Fate Therapeutics 在 2020 年 4 月與楊森簽訂了 31 億美元規模的合約，目的是要開發最多 4 種分化誘導性全能幹細胞的 CAR-NK、CAR-T 細胞療法，還獲得楊森提供的 1 億美元的訂金和持股。以細胞療法技術輸出來說，這是最大規模的交易，說明往後在細胞療法的開發上，iNK 細胞療法將是主要趨勢。

股價、財務現狀及未來展望

　　將此公司持有的現金扣除流動性負債後，可用現金超過 5 億美元。預估管線增加後，該公司一年虧損將達到 3 億美元，目前擁有的資金可供使用兩年左右，這其實就是一般生技公司

的現金流結構。

截至 2022 年 6 月 29 日，Fate Therapeutics 的市價總額為 25 億美元。FT516 臨床試驗的首次中期結果出現了驚人的數據，市價總額一度超過 100 億美元，但在 2021 年 8 月的臨床中期結果中，FT516 完全緩解的病患復發，使股價受到打擊，而同一天也公布 FT596 臨床一期中期結果，與 FT516 首次中期數據一樣良好。

今後 Fate Therapeutics 股價方向取決於往後的追加數據，FT516 效果能否維持、導入更多種基因強化殺傷力後的 FT596 臨床結果報告如何。另外，最大的關鍵是如何解決 NK 細胞被病患 T 細胞清除的問題。

考慮到道德問題及大量生產的可能性等，往後幹細胞研究將以誘導性全能幹細胞為主。因此，應該要持續關注在細胞療法和基因工程領域最領先的 Fate Therapeutics。

圖表 5-11　Fate Therapeutics 股價走勢圖

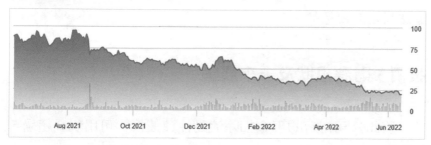

來源：Seeking Alpha。

4 美國血糖監測系統公司——Senseonics Holdings

　　該公司成立於 1996 年，從 2010 年開始以連續性血糖監測系統（CGM）為主力事業，持續成長。現任執行長提姆‧古德諾（Tim Goodnow）在 2010 年該公司開始專注於連續性血糖監測系統時加入，2011 年兼任 CEO 後，帶領公司成長。該公司的代表性產品「可使用 90 天的 Eversense」在歐洲已商業化，「可使用 180 天的 Eversense XL」則在全球 15 個國家扮演重要的角色。

　　古德諾加入 Senseonics Holdings 之前，曾擔任過醫療照護公司 Abbott Diabetes Care 的副總裁，被公認為糖尿病領域最優秀的專家，他正不斷開發連續性血糖監測系統的新技術，並發想新的產品創意。

　　負責研發的副總裁阿比‧恰文（Abhi Chavan）在工程研發領域有 30 年以上經驗，目前負責開發物聯網（IoT）為基礎、全世界消費者都能使用的次世代連續性血糖監測系統。恰文在加入 Senseonics Holdings 之前，在 Corventis 擔任研發副總，曾開發可穿戴的移動式心臟健康產品。

主打技術力

血糖監測市場分為自我血糖監測（BGM）和 CGM。在整個血糖監測市場 125 億美元中，截至 2021 年，CGM 的全球市場規模為 60 億美元。據全球市場資訊與諮詢公司 Coherent Market Insight 預測，**到 2025 年，整個血糖監測市場將超過 20 兆韓元。**

以準確度、感測器壽命、便利性為核心競爭力的 CGM，將會帶動這股成長。這三個要素既是 Senseonics Holdings 的競爭力，也是危險因子。要是競爭公司開發出更準確、感測器壽命更長、更便利的 CGM，該公司的競爭力就會輕易瓦解。

那麼，我們就以上述 3 個要素為中心，來分析 Senseonics Holdings 的競爭力吧！首先，來看看 CGM 的結構，由感測器、傳送數據的發射器，以及相當於接收器的行動版應用程序組成。

感測器以薄針插入皮膚中，或透過 Senseonics Holdings 的簡單手術插入皮膚後，會測量組織液（細胞間的細胞外部環境）中的葡萄糖濃度。血管中的葡萄糖會穿透血管，分布到皮膚的組織液中，這時，感測器會監測組織液，預測血液中的血糖數值，並將測定的數據透過發射器傳送出去。

CGM 的精密度採用 MARD（Mean Absolute Relative Difference，絕對差百分率的平均值）測量，分析組織液中葡萄糖濃度與血液中葡萄糖濃度的差異，該數值越低越好。簡單

圖表 5-12　全球血糖市場規模

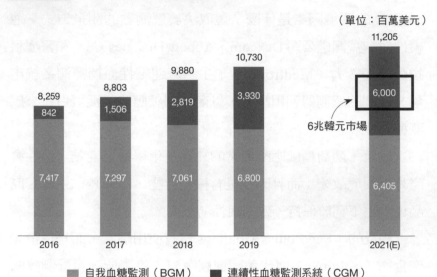

（單位：百萬美元）

6兆韓元市場

■ 自我血糖監測（BGM）　■ 連續性血糖監測系統（CGM）

來源：i-SENS IR BOOK。

來說，我們想知道血管中有多少葡萄糖，便透過組織液的葡萄糖濃度來預測，因此使用連續性血糖監測系統時，最麻煩的是需要定期輸入自我血糖監測數值來修正。

圖表 5-13　連續性血糖監測系統的核心競爭力

準確度　　感測器壽命　　便利性

223

那麼，會影響到最重要的競爭力——準確度，也就是 MARD 的關鍵因素是什麼？這取決於感測器的測量方式。連續性血糖監測儀公司 Dexcom、Abbott Diabetes Care 和醫療科技公司美敦力（Medtronic），主宰著連續性血糖監測系統市場，他們的感測器利用酵素，以葡萄糖感應酶這種蛋白質來感測糖分。

然而，葡萄糖感應酶通常的缺點是化學穩定性差、活性會隨外界環境改變；而且因為是有機化合物，不僅難以生產、商品化，也不利於保持一致的活性。

相反的，Senseonics Holdings 沒有使用酵素，而是用螢光聚合物（polymer）取代葡萄糖感應酶，除了能延長感測器的壽命，還能提高安全性和準確度，被評價為形態更為先進的感測器。

Senseonics Holdings 的 Eversense XL 血糖監測方法如下：將塗有感測糖的螢光聚合物感測器插入皮膚，測量糖與螢光聚合物結合後的螢光強度，再傳送至位於感測皮膚上的發射器，轉換成血糖數據後，傳送至行動版的應用程序上。

管線和臨床進展現況

Senseonics Holdings 在 2021 年 6 月發表了 PROMISE Study（按：用以檢測是否有多發性骨髓瘤風險的研究）評價 Eversense 準確性和安全性的結果。

圖表 5-14　Senseonics Holdings 研發方向

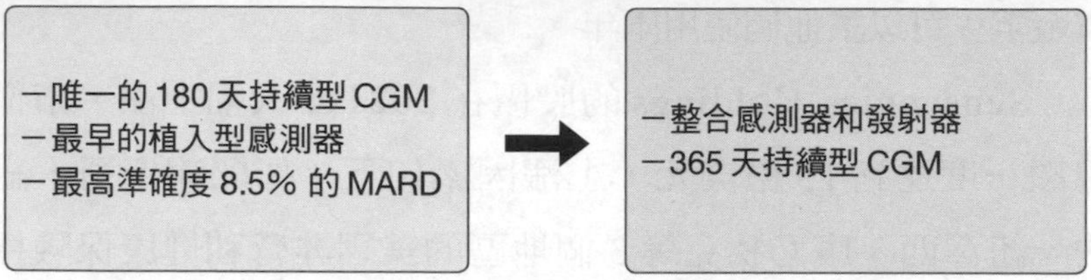

－唯一的 180 天持續型 CGM
－最早的植入型感測器
－最高準確度 8.5% 的 MARD

－整合感測器和發射器
－365 天持續型 CGM

首先，測量準確度的評價標準 MARD 是 8.5％，為業界最高，這數據證明螢光感測器比感應酶更卓越。

檢測高血糖時，一般感測器的一致率是 92.9％，Eversense 達到 93.9％；對糖尿病患者來說，更重要的評價要素是低血糖警報感測率，Eversense 則比基本感測器的 93％ 更高，達到 94％。而且，並沒有嚴重副作用相關報告，只有 1.1％ 的病患表示有輕微感染。

該公司擁有的優勢是，他們有最早的植入型感測器、唯一能持續 180 天的連續性血糖監測系統、最高準確度 8.5％ 的 MARD 等，能夠藉此迅速擴大市場。但是，儘管植入型感測器具有優勢，發射器貼在身上仍然不方便，因此他們計畫要整合感測器和發射器。此外，他們目前也在研究要如何將持續 180 天的監測系統，提升至持續 365 天。

股價、財務現狀及未來展望

扣除流動負債，該公司目前擁有約 1.5 億美元的現金，以

2021 年 6 月這半年的業績來看，虧損了 2,700 萬美元，這樣的資金至少可以讓他們使用兩年。

Senseonics Holdings 的股價在 2021 年大幅上漲，市價總額一度達到 15 億美元，上漲因素如下，新聞報導稱，紐約、紐澤西、康乃狄克等 3 個地區的美國非營利健康保險機構 EmblemHealth，在 2021 年將 Eversense 放入連續性血糖監測定系統政策的一環，納入保險適用範圍，大約有 290 萬人受惠。另外，松下醫療（Panasonic Healthcare）和 Senseonics Holdings 締結了 Eversense 相關的戰略夥伴關係，積極展開行銷活動，將大幅增加在歐美等地的銷售額，這些都是股價上漲的主要原因。

松下醫療還以 5,000 萬美元的價格，收購了 Senseonics Holdings 的可轉換公司債（按：債券持有人可在一定期間內，按約定價格將公司債轉換成發行公司普通股），這也帶來了正面的影響。

未來股價的觀察重點，在於感測器和發射器的整合。Senseonics Holdings 雖然在準確度和感測器壽命方面表現優越，但在便利性方面並不出色。發射器黏在身體上造成的不便，可能使感測器插入的效果減半，因此必須率先推出兼具便利性的人工胰臟，才能搶占巨大市場。

長期來看，還要考慮與其他藥效顯著、改善糖尿病的藥物之間的競爭。由於出現如 GLP-1（胰高血糖素樣肽-1）等競爭藥物，其他新藥也在積極開發中，目前正在討論第二型糖尿病

圖表 5-15　**Senseonics Holdings 的股價走勢圖**

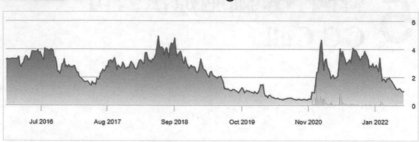

來源：Seeking Alpha。

患早期治療及管理的可能性，因此，今後胰島素市場的地位可能會縮小。

　　我會建議投資人，不要只集中觀察連續性血糖監測系統這單一市場的競爭力，還要綜合考慮與周邊更大的產業之間的競爭現況。

　　Senseonics Holdings 即將面對上百兆韓元的市場，它有什麼生存及成長策略？讓我們站在聰明的生技股投資人的觀點來預測吧！

　　目前為止，我們分析了 4 間美國生技公司，也發現前面學過的生物基礎知識、臨床相關知識以及生物技術，都完美融入在各公司擁有的技術和管線中。越理解生物知識與技術，就越能判斷公司的技術創新程度。同時，也不要忘記最基本的檢視項目：檢視管理階層經歷，並分析持有的現金流。

5 韓國 NK 細胞療法公司──GC Cell

　　GC Cell 是開發 NK 細胞療法的公司，於 2011 年成立，2016 年在 KOSDAQ 上市，在該領域具有世界級的競爭力。GC Cell 持有美國關係企業 Artiva Biotherapeutics 的股份，也移轉 NK 細胞療法技術，在韓國和美國同時進行臨床試驗。

　　朴大宇在 1984 年開始擔任綠十字 PD 本部長，目前擔任 GC Cell 執行長，統籌公司。執行董事黃有京自 1990 年以來一直與綠十字合作，也擔任過細胞療法研究總監，2022 年 4 月辭職時，股價受到短期衝擊，但大部分的主要管理階層都長期合作，具備了穩固的組織能力，研發人力也多達 120 人，開發潛力不輸給國際的細胞療法開發公司。

主打技術力

　　全世界正在進行超過 1,350 個 T 細胞療法管線，而 NK 細胞療法還停留在 180 個，處於開發初期階段的技術。為了克服公認是 T 細胞療法缺點的毒性（細胞激素風暴）、固態瘤治療

限制、同種細胞排斥反應等問題，他們正在積極研發 NK 細胞療法。

GC Cell 擁有 NK 細胞療法和 T 細胞療法的管線，NK 細胞療法開發能力特別領先。GC Cell 正開發取自於末梢血液或臍帶血液中的 NK 細胞療法，新一代平臺「分化誘導性全能幹細胞的 NK 細胞療法」也針對固態瘤和血癌，研發誘導性全能幹細胞分化的 CAR-NK（CAR-iNK）細胞療法。

順帶一提，末梢血液 NK 細胞取自存在於我們血液中的微量 NK 細胞；臍帶血 NK 細胞是從臍帶中取出的 NK 細胞；分化誘導性全能幹細胞的 NK 細胞則是將基因導入皮膚細胞，製造出能分化成所有細胞的誘導性全能幹細胞，然後重新分化成 NK 細胞的細胞療法。

GC Cell 在開發 NK 細胞療法方面的核心競爭力，以下我將簡單解釋。

第一，是短期培養高純度 NK 細胞。該公司擁有全世界獨一無二的技術，利用 50L 規模的生物反應器（bioreactor，細胞培養器）大量培養 NK 細胞。

圖表 5-16　NK 細胞來源種類

末梢血液
NK細胞

臍帶血
NK細胞

分化誘導性
全能幹細胞的
NK細胞

具體來說，為了培養大量具有卓越殺傷力的 NK 細胞，該公司利用餵養細胞（功能是提供必要的物質，營造適合細胞生長的化學環境）相關專利和獨家的共同培養技術進行大量培養。即使成功開發細胞療法，如果沒有大量培養的技術，勢必會在價格競爭力等商業化方面遇到困難，從這一點來說，GC Cell 具備核心競爭力。

第二，是建立冷凍保管及解凍條件。NK 細胞的特性是取出後存活時間很短，需要冷凍保存才能使用，而冷凍前的成熟時間也會影響細胞的活性和生存能力；此外，再次解凍時，溫度和稀釋添加劑亦會影響藥效。

不過，其他公司的研究發現，NK 細胞冷凍保存再解凍後，生存數和活性明顯下降；相反的，GC Cell 證明了雖然生存數減少一些，但殺傷力不變。可以判斷為，GC Cell 透過建立大量生產和冷凍條件，增強了自己的競爭力。

管線和臨床進展現況

NK 細胞療法的研發仍處於初期階段，與全球競爭公司相比，該公司的臨床進展情況屬於領先的。GC Cell 的細胞療法管線大致可分為 4 種，包括末梢血液 NK 療法、分化臍帶血的 NK 細胞療法、分化誘導性全能幹細胞的 NK 細胞療法、分化扁桃腺的幹細胞療法等，其中以固態瘤為適應症的末梢血液 NK 細胞療法 MG4101，在韓國已經結束了臨床二期，目前正

在等待結果公布。

　　MG4101 這個細胞療法，會從正常人的血液中取出攻擊癌症或多種抗原的 NK 細胞後培養。它會有選擇性的直接作用於癌細胞，防止癌細胞增生和轉移，目前正在開發以惡性淋巴瘤或固態瘤等為適應症的療法。

　　該公司利用獨家的培養技術，大量生產高純度、具有殺傷力的 NK 細胞，並以此為基礎進行臨床試驗。2020 年 6 月針對淋巴瘤患者進行臨床一、二期試驗，中間結果證實 MG4101 搭配抗癌藥物利妥昔單抗時，具有顯著的藥效。

　　Artiva Biotherapeutics 正在進行分化臍帶血的 NK 細胞療法，以淋巴瘤為適應症搭配利妥昔單抗進行臨床一期。

　　最近細胞療法引進基因工程技術，進入細胞療法和基因療法正式融合的時期。搭配這股趨勢，該公司也在建立 CAR-NK、基因編輯 NK 等多種基因重組的 NK 細胞療法管線。

　　在幹細胞療法領域，CT303 於 2021 年 10 月獲得韓國臨床一期許可。分化扁桃腺製造的間質幹細胞（T-MSC）具有免疫調節和促進組織再生能力，CT303 則是利用這項技術，以急性呼吸窘迫症候群和新冠病毒為適應症的管線。急性呼吸窘迫症候群致死率高、無有效藥物，是開發需求較大的疑難雜症。

　　GC Cell 透過 Artiva Biotherapeutics，於 2021 年 1 月成功與大型製藥廠默克完成了開發 3 個 CAR-NK 細胞療法的交易，總金額為 18 億美元。這是繼美國 NK 細胞療法開發公司 Fate Therapeutics 和嬌生簽訂 30 億美元的合約後，第二大的技術移

圖表 5-17　GC Cell 管線的現況

Classification	Project	Indication	Research	Preclinical (Non-Clinical)	Phase I	Phase II	Phase III	Launch	Collaboration
PBNK Mono	MG4101 (Allogeneic NK)	HCC after TACE	Phase 2 (Korea) completed						
PBNK + mAb Combo	MG4101 + Rituximab	r/r Lymphoma	Phase 1 (Korea) completed						
CBNK+ mAb Combo	CBNK + Rituximab	r/r Lymphoma	IND approved in 2020.4Q						artiva
	CBNK + new Ab	Solid cancer	Preclinical (Screening for potential antibodies)						artiva
Engineered NK	HER2 CAR-NK	Solid cancer	IND expected in 2022 2Q						artiva AbClon
	CD19 CAR-NK	B cell lymphoma	IND expected in 2022 4Q						
	Merck CAR-NK	Undisclosed	Two CAR-NK Programs, an option for a third						artiva MSD
	Gene edited-NK	Solid cancer / Blood cancer	Research						FELDAN
	iPSc-CAR-NK	Solid cancer / Blood cancer	Research						
Stem Cell	T-MSC for anti-inflammation	Psoriasis	IND (Korea) expected in 2021 2Q						
	T-MSC for ARDS	ARDS, COVID-19	IND (Korea) expected in 2021 3Q						

來源：GC Cell 官網。

轉合約。這場交易，證實了該公司的技術獲得世界級的認可。

　　最近因年平均 36% 的高成長率而備受矚目的細胞療法委託開發部門，亦有望成為該公司另一個搖錢樹；嚴格的生產技術使細胞療法外包比重擴大，在這股趨勢之下，該公司計畫要持續增加設備。

股價、財務現狀及未來展望

　　這是少數能透過內部資金流動進行研發的生技公司，兩家公司合併後，事業結構變得更加穩定，考慮到各部門的技術共

圖表 5-18　**CAR-NK 技術移轉現況**

開發公司	引進技術	總金額（億美元）	臨床階段	備註
Fate	嬌生	30	臨床前期、臨床	分化誘導性全能幹細胞的 CAR-NK、CAR-T 共 4 項（2020 年 4 月）
綠十字 Lab Cell、Artiva	默克	18	臨床前期	CAR-NK 共 3 項（2021 年 1 月）
Kiadis	賽諾菲	9.86	臨床前期	同種異體 NK 共兩項（2020 年 7 月）
Cellectis	Cytovia	7.6	臨床前期	分化誘導性全能幹細胞的 NK、CAR-T 共 5 個（2021 年 2 月）
Kiadis	賽諾菲	3.58	企業收購	溢價 272%（2020 年 11 月）
MD Anderson	武田	-	臨床一期、2a 期	同種異體 CAR-NK（2019 年 11 月）

來源：Kiwoom 證券。

享和往後細胞療法委託開發，盈餘幅度有望進一步擴大。

　　2021 年 11 月 1 日，綠十字 Lab Cell 和綠十字 Cell 重生為 GC Cell，期待發揮多種綜效。綠十字 Lab Cell 的 Artiva Biotherapeutics 和綠十字 Cell 海外開發、製造、流通的子公司 Novacell Technology 合作，在 Artiva 的臨床試驗能力加乘之下，有望提高臨床開發及技術移轉相關的效率；另外，綠十字

Lab Cell 的 NK 細胞療法開發能力有望協助綠十字 Cell 研發 T 細胞管線。將會高度成長的綠十字 Cell 的細胞療法委託開發生產事業，也會在綠十字 Lab Cell 的培養工程技術和完善的冷凍技術加乘之下，獲得更大的發展。

2022 年，Artiva Biotherapeutics 在那斯達克上市，同時還將公布分化臍帶血的 NK 細胞療法搭配利妥昔單抗的臨床一、二期中間結果，這有可能是重新評估管線的契機。

合併後擁有的管線，也就是以胰臟癌為適應症的 CAR-T 療法，會在 2022 年進入美國臨床一期及 2a 期，因此有望成為 NK 細胞療法及 T 細胞療法臨床階段的生技公司。GC Cell 以可獨立生存的財務結構，還有細胞培養、冷凍、解凍基礎技術為基礎，持續開拓 NK 細胞療法市場，作為全球領先公司，中長期前景一片光明。

圖表 5-19 **GC Cell 股價走勢圖**

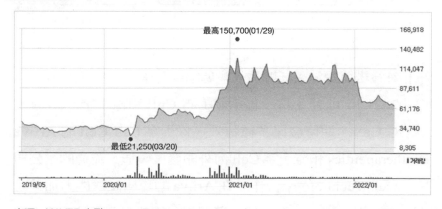

來源：NAVER 金融。

6 韓國基因剪刀公司—— ToolGen

　　韓國也有具備創新 CRISPR-Cas9 技術的生技公司，就是 ToolGen。ToolGen 是全世界唯有擁有第一代、第二代、第三代基因剪刀的公司，技術開發的核心人物是創辦人金晉秀教授。他在 1999 年設立法人後，一直致力於研發基因剪刀，卻因專利權轉移問題與首爾大學發生訴訟糾紛，最後將公司轉讓給生技公司 Genexine，只能成為主要股東。最終，金晉秀被判無罪。

　　現任執行長金永浩曾任職於美國國家衛生院，短暫待過 ToolGen 後，擔任生物製藥公司 Medifron DBT 的執行長，後來再次加入 ToolGen，往後有望主導公司具體的發展方向和臨床管線的構建藍圖。

　　至於負責研發的常務理事金錫中，曾在金晉秀位於首爾大學化學部的研究室中擔任博士後研究員，當時他參與基因剪刀研究，為 ToolGen 的 CRISPR-Cas9 技術核心人物之一，往後在具體實現基因剪刀方面，將發揮重要作用。

主打技術力

該公司的事業現況分為研究開發和產品服務，也就是說，分為製造基因編輯的老鼠（實驗鼠）或基因編輯的細胞株等產品服務，以及開發藥物的研發領域，其中，研發領域的進展情況將大幅影響 ToolGen 的市值。

ToolGen 的 CRISPR-Cas9 結構，由一種名為 Cas9 的蛋白質和 gRNA 形成的雙分子組成。當 Cas9 識別出目標基因的 PAM 序列（扮演告示牌的角色的短核酸序列）並接近時，gRNA 就會與目標基因序列互補結合，若 gRNA 判斷後確認為目標，Cas9 就會剪斷 DNA 雙股。ToolGen 的技術就是以基因剪刀校正基因或調節基因功能。

CRISPR-Cas9 的原創技術正在進行專利權訴訟。ToolGen 已經向美國申請了 4 項關於 CRISPR-Cas9 的原創技術，其中一個獲得了專利權，兩個正在申請中，一個正在進行衝突審查，而衝突審查的專利裁決結果，將對於今後國際基因剪刀相關事業帶來深遠的影響。

CVC（按：指柏克萊 CRISPR 專利的所有者，包括加州大學、維也納大學〔University of Vienna〕及法國微生物學家夏彭蒂耶）、博德研究所和 ToolGen，在專利審判及上訴委員會（Patent Trial and Appeal Board，簡稱 PTAB）針對 CRISPR-Cas9 的原創專利發明人進行訴訟。

目前 PTAB 判斷 ToolGen 為較早的一方（senior party），

圖表 5-20　**ToolGen 的 CRISPR-Cas9 結構和功能**

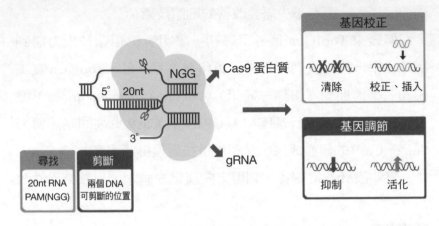

來源：ToolGen 官網。

處於相對有利的位置。如果 CVC 和博德研究所無法證明他們是第一個發明人，ToolGen 自然會被視為發明人。

　　據美國專利商標局統計，在衝突審查中，較早的一方被視為首先發明人的機率很高，但由於這項技術非常重要，因此目前仍難以預測結果。據韓國國家知識財產委員會透露，只要被認可為 CRISPR-Cas9 最初發明人，將對專利的原創性及往後授權等事業版圖產生巨大影響，而這就是判決結果備受關注的原因（時間表見下頁圖表 5-21）。

　　前代表金晉秀在 2019 年至 2020 年間，因專利轉移相關訴訟纏身，已經拖到 ToolGen 進入研發及臨床試驗的時間。因此，也有人懷疑，相較於美國國際基因剪刀公司已經在臨床上取得成果，ToolGen 運用 CRISPR-Cas9 技術的能力是否大幅落

後。雖然 CRISPR-Cas9 的原創技術概念本身非常優秀，但正如前面提到，還有不少需要改善的細節技術。

但後來 ToolGen 獲得了專利，證明脫靶相關技術力達到國際水準，獲得人們的關注。2018 年 8 月 6 日，ToolGen 在美國知名學術期刊《自然－通訊》（*Nature Communications*）發表了特異性比第三代基因剪刀 CRISPR-Cas9 更高的基因剪刀 Sniper-Cas9 的研發成果，並利用這技術獲得了專利。

實驗設計非常獨特，利用定向演化的概念，只讓特異性改

圖表 5-21　基因剪刀專利衝突審查過程

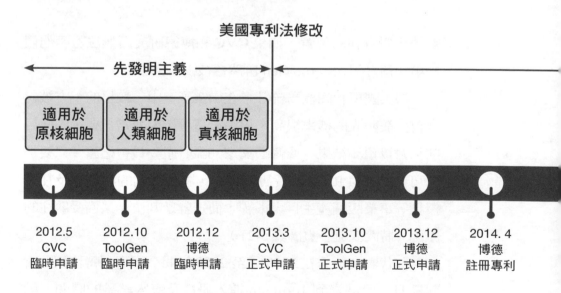

來源：韓國國家知識產權委員會。

善的 CRISPR-Cas9 能存活下來。其方式是，在細菌的基因體中插入與目標相似的 A’ 基因（如果切斷該基因，細菌就會死亡），並在質體中插入目標 A 基因和毒性基因；如果準確的切斷目標，毒性基因就會死亡，但細菌能存活下來。先讓 Cas9 隨機突變，再將 CRISPR-Cas9 放入細菌中，然後只挑選細菌存活的 CRISPR-Cas9，重複幾次後，脫靶狀況減少，產生了最優化的 CRISPR-Cas9，也就是 Sniper-Cas9。

　　Sniper-Cas9 證明了，ToolGen 的核心技術開發能力不亞於

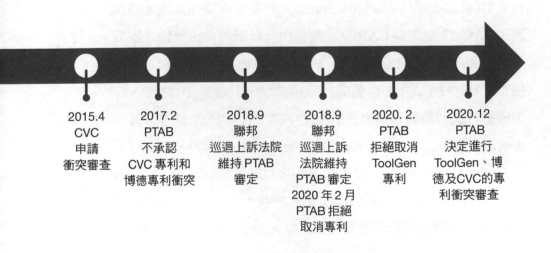

先申請主義

| 2015.4 CVC 申請 衝突審查 | 2017.2 PTAB 不承認 CVC 專利和 博德專利衝突 | 2018.9 聯邦 巡迴上訴法院 維持 PTAB 審定 | 2018.9 聯邦 巡迴上訴 法院維持 PTAB 審定 2020 年 2 月 PTAB 拒絕 取消專利 | 2020. 2. PTAB 拒絕取消 ToolGen 專利 | 2020.12 PTAB 決定進行 ToolGen、博 德及CVC的專 利衝突審查 |

圖表 5-22　Sniper-Cas9 定向演化實驗

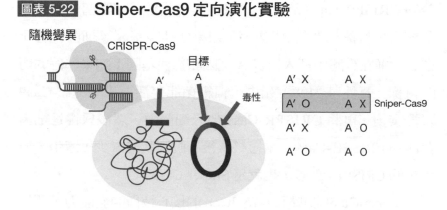

國際公司，可以說是非常有意義的研發成果。

管線和臨床進展現況

　　ToolGen 正在與澳洲生技公司 Cartherics 共同開發 CAR-T 和 CAR-iNK 細胞。透過將 Cartherics 的多種固態瘤及血癌標記因子 TAG-72 應用到 CAR 上，開發出升級版的免疫藥物，簽訂了包括頭期款和里程金在內，約為 1,500 億韓元的合約。基因校正 TAG-72 CAR-T 目前處於臨床前期，計畫於 2022 年，在美國進行以卵巢癌為適應症的臨床申請（按：於 2021 年 6 月，與澳洲癌症治療公司 Cartherics 簽訂技術轉讓合約）。

　　另一個有機會在 2022 年申請臨床試驗的管線，是 CMT1A 藥物 TGT-001（按：現已進入臨床階段），此藥物以手腳肌肉萎縮和手腳等關節變形為主要症狀，並以遺傳性周邊神經病

變第一型 A（CMT1A）為適應症。已知此疾病的主要原因是 PMP22（外周髓鞘蛋白 22）基因過度表現，有 50％ 的病患是由於 PMP22 基因重複突變所致；由於多了一個基因，導致蛋白質過量生產。

ToolGen 正與世上最大的非營利財團 CMTA（Charcot Marie Tooth Association，遺傳性周邊神經病變疾病協會）合作開發藥物。

CMTA 由專家組成諮詢團，為 ToolGen 的 TGT-001 進行開發諮詢及合作研究，讓 TGT-001 的動物實驗能提前進行。

其次，還要關注 ToolGen 擁有專利的生物標誌甘油二酯激酶（DGK）。甘油二酯激酶這個基因會讓 T 細胞或 NK 細胞的功能減弱，因此 ToolGen 的機制是去除這基因來強化免疫細胞的功能。該公司已證實在植入目標癌細胞的實驗鼠身上，去除甘油二酯激酶的 CAR-T 比現有的 CAR-T 更能有效抑制腫瘤。

另外，在免疫細胞抑制物質前列腺素 E2（Prostaglandin E2，簡稱 PGE2）或處理 TGF-β 的環境中，去除甘油二酯激酶的 CAR-T，比普通的 CAR-T 更能維持抗癌能力。這些實驗結果表示，甘油二酯激酶完全可能成長為能被廣泛適用的生物標誌。

股價、財務現狀及未來展望

截至 2022 年 3 月底，ToolGen 透過 IPO 獲得的資金約為

717 億韓元、流動負債 24 億韓元，總計擁有約 693 億韓元。據推測，2022 年的虧損為 200 億韓元，代表近 3 年內不需要另外籌措外部資金，可以專注於研發。

截至 2022 年 6 月 28 日，ToolGen 市價總額為 5,200 億韓元，雖然與國際 CRISPR-Cas9 公司相比，價值明顯較低，但考量到目前還沒有正在進行臨床試驗的管線，這點可以理解。

美國專利衝突審查的決定，將使股價大幅變動，而他們在 2022 年申請臨床試驗是一個利多消息。ToolGen 的研發能力不輸國際，其甘油二酯激酶基因是能廣泛適用的生物標誌，具有成長潛力，今後值得期待。

圖表 5-23 **ToolGen 股價走勢圖**

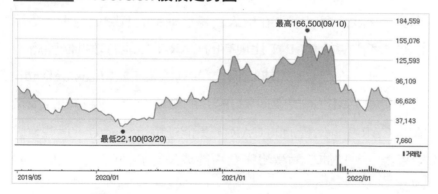

來源：NAVER 金融。

7 韓國 RNAi 技術公司—— OliX

　　李東基於 2010 年 2 月創立 OliX，以獨家開發的 RNAi 平臺原創技術為基礎，開發各種疑難雜症的藥物。

　　李東基於韓國科學技術院化學系畢業後，在美國康乃爾大學（Cornell University）獲得生物學博士學位，現為韓國成均館大學化學系教授，同時帶領著 OliX。

　　在公司的主要人力中，執行副總裁朴信英是首爾大學藥學博士、毒物專家，負責開發；常務理事申東元曾任職於美國核酸合成和製造領域先驅 TriLink BioTechnologies，目前帶領 OliX 美國法人。

　　OliX 的子公司 mCureX 專門開發 mRNA 疫苗和藥物，由韓國 mRNA 最高權威洪善宇擔任代表理事；另外，公司內部專利代理人常務理事白英惠負責 OliX 所有的專利策略，包括開發新物質所需的專利分析。

　　OliX 依照管線的不同適應症，召集全球專家組成科學諮詢委員會（Scientific Advisory Board，簡稱 SAB）協助 OliX 研發及臨床開發，並且在 2020 年與歐洲公司簽訂 4 個視網膜

下纖維化開發合約，在哈佛醫學院所屬諮詢團的指導下開發。

主打技術力

該公司擁有的是 RNAi 技術。以往的原理是以小分子化合物或抗體新藥，來抑制已經形成的蛋白質，而 **RNAi 技術是在引發疾病的蛋白質形成之前，就去除 mRNA。**

人的細胞會生產十萬多種蛋白質，蛋白質會在細胞中或細胞之間發揮多種功能，調節細胞的分裂、代謝、死亡等。不過，萬一產出某種畸形蛋白質，或因過量生產而累積在體內該怎麼辦？這可能會造成嚴重的疾病。典型的蛋白質畸形疾病是鐮刀型紅血球，紅血球在血液中負責輸送氧氣，但基因突變的病患的紅血球呈鐮刀狀，不僅無法輸送氧氣，還會讓血管流動不順暢。

觀察這種鐮刀型紅血球突變蛋白質的生成過程，會發現是因為細胞核中 DNA 突變，而出現錯誤的 mRNA 轉錄，錯誤的 mRNA 在核糖體中轉譯後生成突變的蛋白質。雖然僅僅是一個核酸序列突變，但包含突變核酸的密碼子（codon，3 個核酸轉譯成 1 個胺基酸）被轉譯成完全不同的胺基酸，形成誘發疾病的鐮刀型紅血球這種鐮刀狀立體結構。

OliX 正是利用去除這種 mRNA 的 RNAi 技術來開發療法，mRNA 被 RNAi 去除後，便無法產生蛋白質。RNAi 技術是第三代新藥開發技術，能接近所有疾病蛋白質，並有效抑制

疾病的基因表現。

　　OliX 擁有的 RNAi 技術是非對稱的 siRNA（asiRNA），以廣為人知的 RNAi 技術為基礎，獨家開發出基因抑制技術。現有的 RNAi 技術是由對稱的短 RNA 雙股構成，而非對稱 siRNA 則是不對稱且更短的結構，其特點是在細胞內作用時很安全。

　　另外，RNA 的限制是無法傳遞到細胞內部，但 OliX 擁有獨家開發的局部注射藥物開發平臺，也就是細胞穿透不對稱 siRNA（cp-asiRNA），也擁有能以肝臟為標靶的 GalNAc

圖表 5-24　OliX 的傳遞技術

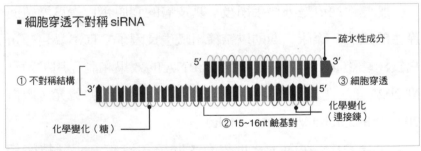

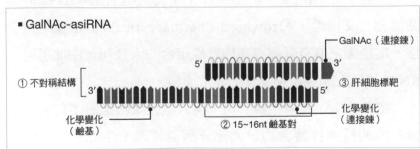

來源：OliX IR BOOK（2022）。

（N-乙醯半乳糖胺）平臺，甚至還有 GalNAc-asiRNA，放寬了其限制。

管線和臨床進展現況

該公司擁有的管線中，進展最快的是以肥厚性疤痕為適應症的 cp-asiRNA 療法，在美國和韓國正在進行臨床二期。乾性黃斑部病變、視網膜下纖維化、B 型肝炎、雄性禿等，都處於臨床前期，將在 2022 年進入美國臨床一期（按：黃斑部病變管線 OLX301A 已在美國進入臨床一期，雄性禿管線 OLX104C 則在澳洲進入臨床一期）。

肥厚性疤痕是外科手術後，真皮層的膠原蛋白過度增殖而產生的疾病，臨床二期則以結締組織生長因子 CTGF 為目標蛋白質，驗證該公司的細胞穿透 asiRNA 的效果和副作用。預計到 2025 年，肥厚性疤痕的市場規模將超過約 11 兆韓元（取自 2020 年的 Grand View Research）。

包含 OliX 在內，全世界有 5 間公司擁有 RNAi 技術相關專利，艾拉倫、Arrowhead Pharmaceuticals 都正在開發療法，這些都是擁有肝病等多種管線組合的大公司，由此可見，RNAi 技術在開發新藥物質上非常便利。

這些 RNAi 技術相關公司，與大型製藥廠簽訂了針對多種適應症的技術移轉合約，大部分都是超過 1 兆韓元的大型交易。OliX 也成功輸出 9,000 億韓元的技術給專門開發眼科藥物

的法國公司 Théa Open Innovation，接著又與中國翰森製藥簽訂了 5,000 億韓元的心血管及代謝疾病物質開發合約。

　　目前，正利用 GalNAc 平臺與歐洲製藥商簽訂開發 4 個視網膜下纖維化藥物的合約。一年內已完成物質開發，移轉給製藥公司，還可能會根據實驗結果，追加大型交易。

股價、財務現狀及未來展望

　　截至 2022 年 3 月，扣除流動負債，該公司擁有約 21 億韓元的自由現金流，第 2 季透過有償增資和發行，可贖回可轉換優先股，額外獲得了 570 億韓元，這筆資金足夠用在兩年的研

圖表 5-25　OliX 管線現況

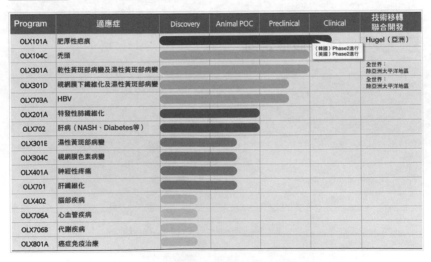

Program	適應症	Discovery	Animal POC	Preclinical	Clinical	技術移轉聯合開發
OLX101A	肥厚性疤痕					Hugel（亞洲）
OLX104C	禿頭				（韓國）Phase2進行 （美國）Phase2進行	
OLX301A	乾性黃斑部病變及濕性黃斑部病變					全世界：除亞洲太平洋地區
OLX301D	視網膜下纖維化及濕性黃斑部病變					全世界：除亞洲太平洋地區
OLX703A	HBV					
OLX201A	特發性肺纖維化					
OLX702	肝病（NASH、Diabetes等）					
OLX301E	濕性黃斑部病變					
OLX304C	視網膜色素病變					
OLX401A	神經性疼痛					
OLX701	肝纖維化					
OLX402	腦部疾病					
OLX706A	心血管疾病					
OLX706B	代謝疾病					
OLX801A	癌症免疫治療					

來源：OliX IR BOOK（2022）。

發上。

OliX 的優勢在於，以平臺技術為基礎的技術比其他公司更有可能輸出。快速的物質開發能力及技術輸出，讓現金流非常暢通。

目前，肥厚性疤痕管線也在美國正在進行臨床二期試驗，他們的策略是等到確認臨床二期結果後，再推展到技術輸出。

截至 2022 年 6 月 28 日，該公司市價總額為 3,300 億韓元，由於市場暴跌，OliX 股價也經歷下跌調整，但考量到它是世界五大擁有 RNAi 技術的公司之一，亞洲最先以 RNAi 技術進入臨床試驗，擁有美國臨床二期管線，2022 年還追加兩個進入美國臨床一期的管線，當時的市價總額算是低點。

前面說過在生技業，很難藉由推測收益來評估價值，所以會使用相對價值來評斷。全球第三大 RNAi 生技公司 Dicerna

圖表 5-26　OliX 股價走向

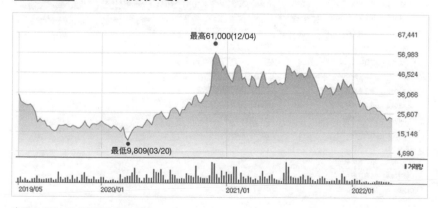

來源：OliX IR BOOK（2022）。

Pharmaceuticals 以 4 兆韓元的價值，被諾和諾德收購，Dicerna 擁有一個臨床三期、兩個臨床二期、三個臨床一期管線，可以想成 OliX 兩年後的狀態。我認為，OliX 的非對稱 siRNA 在安全性方面很可能會超越其他公司，長期成長值得我們期待。

8 韓國皮下注射藥品公司—— Alteogen

　　如果要在韓國生技公司中，選出擁有世界級技術力、輸出最多技術、往後發展可能性高的企業，當然非 Alteogen 莫屬。Alteogen 是世界第二擁有皮下注射劑型技術、抗體藥物複合體和持續型技術等多種技術的公司，其中皮下注射劑型技術獲得了很多技術輸出的成果。

　　最大股東兼執行長朴順載博士在美國普渡大學（Purdue University）獲得了生物化學博士學位，擔任 MIT 博士後研究員，之後在 LG 生命科學和 Dream Pharma 工作過，曾在 Binex 擔任代表理事，累積這些經驗後於 2008 年成立 Alteogen。朴順載擁有這些經歷，說他兼具實力和海外人脈，是開拓韓國生技公司第一代的領頭羊，也不為過。

　　Alteogen 的目標非常明確，就是研發出改善現有生物藥品療效的新一代生物改良藥品（biobetter），並研發出與原有生物藥品同等功效的生物相似藥。

主打技術力

藥物傳遞平臺——皮下注射劑型技術——是 Alteogen 具代表性的生物技術。目前的藥物傳遞技術是靜脈注射型，直接向患處注入治療劑或是利用脂質載體，也就是將脂肪製作成口袋，將藥物放入其中送往肝臟，因此在醫生診療後，還得在醫院注射超過兩個小時，相當不便。

但是，**Alteogen 開發的技術是從靜脈注射型改為皮下注射型，病患可以自行在家中注射，時間短且方便。**美國 FDA 對皮下注射劑型的批准也在增加，而技術需求必然會隨著這股趨勢持續上升。

將靜脈注射劑型開發為皮下注射劑型，需要度過兩大難關：第一是高濃度下發生的纏繞現象，靜脈注射劑型可以在一定的時間慢慢注射，所以會稀釋成低濃度，但為了製造成皮下注射劑型，必須濃縮成高濃度。不過蛋白質在高濃度下會相互纏繞，改變結構，因此可能會出現藥效降低的問題。賽特瑞恩製造了類希瑪（Remsima）皮下注射液，使用防止這種纏繞現象的技術。

第二是要在分解皮下組織的同時將藥物輸送到血液中。Alteogen 的 Hybrozyme 就是皮下注射轉換技術，以透明質酸酶將皮下組織的玻尿酸水解，進而將藥物傳送到血液。Alteogen 是繼美國 Halozyme Therapeutics 之後，全世界第二個擁有這種技術的公司。美國 Halozyme 開發出全世界第一個人

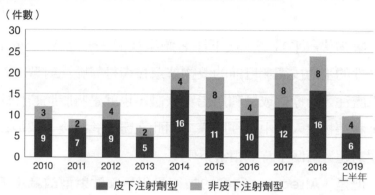

圖表 5-27　皮下注射劑型生物藥品批准件數

（件數）

來源：韓國 eBest 證券。

類透明質酸酶 PH20，以此掌握全球市場，而 Alteogen 在這樣的情況下，仍以新的方式開發出 ALT-B4 並取得專利。

　　我們體內有 Hyal1、Hyal2、Hyal3、Hyal4 和 pH20 等 5 種透明質酸酶，Hyal1～4 會在 pH3（強酸）的條件中達到最佳化，但 pH20 的特性是在中性的條件中也能發揮作用。然而，pH20 由 Halozyme Therapeutics 獨占，Alteogen 藉由交換 pH20 和 Hyal1 的結構並重新結合，創造新的透明質酸酶 ALT-B4，這是一種蛋白質重組技術。Alteogen 相關人士很有自信的表示，他們從約 300 個結構交換模型中挖掘出重組蛋白質，而且往後 20 年都很難再開發出更好的皮下注射劑型了。

　　該公司的 Hybrozyme 技術，已完成包括頭期款和里程金在內、超過 6 兆韓元的技術輸出。各年度的輸出金額為 2019 年 1.6 兆韓元、2020 年 4.6 兆韓元、2021 年 1,000 億韓元，但

關鍵在於之後能否創造更多的出口業績。

　　競爭公司 Halozyme Therapeutics 將抗 PD-1 機制的皮下注射劑型，開發獨賣權轉讓給擁有保疾伏（Opdivo）的必治妥施貴寶；抗 PD-L1 機制的獨賣權也移轉給擁有癌自禦（Tecentriq）的羅氏和基因泰克，也就是說，往後 Halozyme 不能再提供這兩個機制的專利權。

　　因此，為了將吉舒達、抑癌寧（Imfinzi）和百穩益（Bavencio）開發成皮下注射劑型，除了與 Alteogen 合作之外，沒有其他替代方案。

圖表 5-28　**免疫抗癌藥物皮下注射劑型開發現況**

原創藥品	開發公司	專利到期	可合作的企業	Alteogen
保疾伏	必治妥施貴寶	2028 年（美國）	Halozyme（壟斷）	無法
癌自禦	羅氏、基因泰克	2027 年（歐洲）	Halozyme（壟斷）	無法
吉舒達	默克	2028 年（美國）	Alteogen	可合作
達伯舒（Tyvyt）	中國信達生物製藥、禮來	2036 年（歐洲）	Alteogen	可合作
抑癌寧	阿斯特捷利康	2030 年（美國）	Alteogen	可合作
百穩益	輝瑞、默克	2027 年（歐洲）	Alteogen	可合作
Libtayo	賽諾菲、再生元製藥	2029 年（歐洲）	Alteogen	可合作

管線和臨床進展現況

該公司正在以這種皮下注射劑型技術為基礎，開發生物相似藥。第一個生物相似藥是眼科疾病藥物采視明（Eylea）的生物相似藥 ALT-L9。這將會是每年銷售超過 8 兆韓元的黑馬，2021 年 8 月結束韓國臨床一期試驗，準備進入全球臨床試驗階段。

Alteogen 利用讓藥效持久的 NexPTM 技術（Alteogen 獨家開發的持續型平臺技術）製作出生物改良藥品 ALT-P1，正在進行臨床二、三期。ALT-P1 是孩童使用的持續型生長激素，正與獲得生長激素生物相似藥藥品許可的巴西 Cristália 合作。順帶一提，生長激素的全球市場規模超過 4 兆韓元。

除此之外，Alteogen 還利用特有的原創基礎技術 NexMab 抗體藥物複合技術，將多數抗癌藥物開發為第二代抗體藥物複合體。以對癌細胞有高度特異性的抗體為載體，將具有高細胞毒性的抗癌物質運送到癌細胞上。這個具有特異性的機制，透過基因重組技術，以位置特異性的結合方式讓藥物結合，成為獨家技術。ALT-P7 抗體藥物複合體以乳癌和胃癌為適應症，目前已成功完成臨床一期試驗，正在準備臨床二期。

股價、財務現狀及未來展望

截至 2022 年 3 月底，該公司擁有 2,044 億韓元的流動資

圖表 5-29　**Alteogen 管線現況**

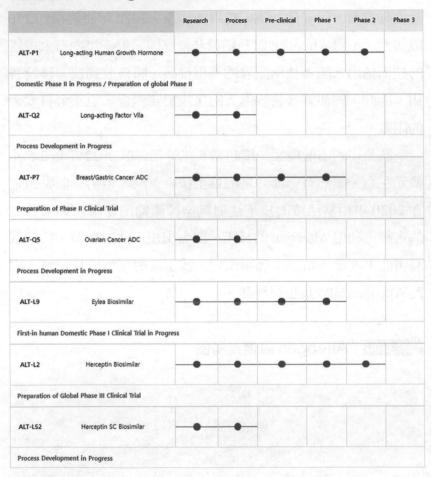

		Research	Process	Pre-clinical	Phase 1	Phase 2	Phase 3
ALT-P1	Long-acting Human Growth Hormone	●	●	●	●	●	
Domestic Phase II in Progress / Preparation of global Phase II							
ALT-Q2	Long-acting Factor VIIa	●	●				
Process Development in Progress							
ALT-P7	Breast/Gastric Cancer ADC	●	●	●	●		
Preparation of Phase II Clinical Trial							
ALT-Q5	Ovarian Cancer ADC	●	●				
Process Development in Progress							
ALT-L9	Eylea Biosimilar	●	●	●	●		
First-in human Domestic Phase I Clinical Trial in Progress							
ALT-L2	Herceptin Biosimilar	●	●	●	●	●	
Preparation of Global Phase III Clinical Trial							
ALT-LS2	Herceptin SC Biosimilar	●	●				
Process Development in Progress							

來源：Alteogen 網站。

產，扣除 974 億韓元的流動負債，擁有 1,070 億韓元的約當現金流動資產。保守估計臨床費用增加後，2022 年將虧損約 250 億韓元，不過 Alteogen 財務結構非常堅固。近兩年內有大規模的技術輸出，隨著技術開發的進程推展，將會收到技術移轉費用，因此，即使許多管線進入臨床後需要資金，也不會有太大的困難。

該公司的市價總額一度超過 6 兆韓元，但 2022 年是 2.5 兆韓元左右。雖然有一部分是因為生技股下跌，但另一個原因是在 2020 年相當活躍的皮下注射劑型技術輸出趨緩。如果默克的吉舒達利用 Alteogen 的技術，開發出皮下注射劑型，股價很有可能再度創下新高；簡單來說，皮下注射劑型成長穩健，因此 Alteogen 的成長也很穩健。

圖表 5-30 **Alteogen 股價走勢圖**

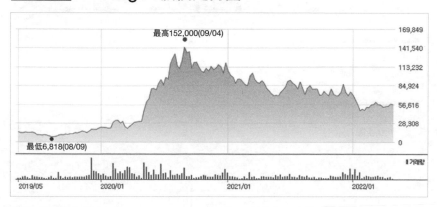

來源：NAVER 金融。

臺灣生技股有哪幾支？

在臺灣掛牌上市上櫃的生技公司相當多，以下僅列出較知名、話題性高的 8 檔生技股，可參照本書教導的生技知識，去各生技公司官網搜尋其主要業務，並觀察其近期新聞。

股票名稱（代碼）	業務	股價（元）	近期新聞
寶齡富錦（1760）	新藥研發、製藥	136.5	2023 年 3 月，腎臟新藥拿百磷新劑型新適應症三期臨床試驗數據分析達標。
國光生（4142）	CDMO、疫苗研發	37.20	2023 年 3 月，破傷風疫苗新廠已通過衛福部食藥署 GMP 查廠認證。
智擎（4162）	新藥研發	94.6	2023 年 6 月，研發中新藥 PEP07 獲得 TFDA 審查獲准進行第一期血液腫瘤人體臨床試驗。
杏國（4192）	新藥研發	17.95	2023 年 3 月，董事會宣布減資 8 億元，以規畫 CT4008 胰臟癌三期二線人體臨床試驗。
合一（4743）	新藥研發	220.0	2023 年 6 月，廣效性治療新冠病毒感染小核酸新藥 SNS812，向衛生福利部食品藥物管理署提出二期臨床試驗申請。
藥華藥（6446）	新藥研發	329.0	2023 年 3 月，治療真性紅血球增生症新藥取得日本上市許可。
保瑞（6472）	CDMO	752	2023 年 4 月，與韓國賽特瑞恩簽訂委託生產合作案。
台康生技（6589）	CDMO、生物藥品開發	111.5	2023 年 6 月，台康生技 EIRGASUN® 「益康平®」成為衛福部藥證核准第一個臺灣自主開發之生物相似藥。

※股價以 2023 年 6 月 27 日收盤價為基準。

第六章

利用 ETF，
抓住正在成長的商機

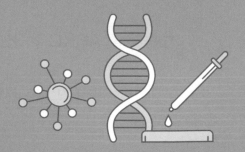

1 會賺錢的生技 ETF

　　雖然我們至今已經充分理解了分析產業和企業的重要性，但如果時間不夠，或是很難根據個人偏好建立投資組合，ETF 是很好的替代方案。在選擇 ETF 時，仍然可以使用分析公司的邏輯。

　　ETF 也是一種資產，種類五花八門，在選擇 ETF 時，仍要像挑選個股一樣慎重。然而，大部分散戶不會綜合研究 ETF 的投資哲學、組合內容、經理人、持股名單細節、費用、基金規模等，和其他 ETF 做比較之後再決定購買，通常都只是聽了熟人介紹或金融公司的建議後，沒有慎重考慮就買進。

　　在這個章節，我會比較分析兩個美國生技 ETF，來說明選擇生技 ETF 的方法。比起 ETF 本身，我更希望你能將焦點放在分析 ETF 時應該重視的要素上，並在自己選股時照樣操作。

方舟投資 ARKG 和未來資產證券 GNOM

　　最具代表性的生技 ETF，包括 ARKG（ARK 生物基因科

技革新主動型 ETF）和 GNOM（Global X 基因體學與生物技術ETF）。ARKG 的發行公司是方舟投資，由女股神凱薩琳・伍德（Catherine Wood）創立，以投資第四次產業革命相關成長股的獨角獸聞名。

　　首先，來看一下費用。ARKG 每年管理費用是 0.75％，如果是長期投資人，一定要與其他 ETF 比較，考慮是否合理或太過負擔。

　　接下來，來看一下資產管理規模、交易量和資產規模。如果上述三項過大，就無法有彈性的更換投資組合，而且標的數量必然會增加；從這個角度來看，ARKG 的資產管理規模超過70 億美元，因此有人擔心管理上是否有點遲鈍。

　　ARKG 於 2014 年 10 月 31 日上市，已經經營了近 9 年，看到這點，可能有些人會覺得其管理框架已經固定，但實際上，在 2018 年至 2020 年間資產急劇增加，因此現在起才要考驗經理人管理超大型 ETF 的能力，還要顧及報酬率。

　　如果沒有管理超過 1 兆韓元大規模基金，很難理解資產大幅增加而產生的管理困難，也就是規模效應（size effect，公司股價報酬率與其公司規模大小呈負相關，市值較低的股票平均表現較優）。

　　成為大型基金後，基金的購買標的「持股名單」（buying list）改變有限；更換標的時金額很大，買賣成本可能會比想像中還大。因此，經理人的判斷變得非常重要，ARKG 能否克服規模效應，往後也創造出好的報酬率，還有待觀察。

ARKG 的資產管理風格是成長型，屬於主動型基金，可以想成是以類似私募基金的方式來運用資金。以主動型基金來說，基金經理人非常重要。ARKG 的基金經理人是伍德，只要不更換，就沒有什麼好擔心的，但要是因為某種原因而更換經理人，管理風格或投資項目的風格就很有可能改變。

接下來，我們來看看 GNOM。其發行者是韓國家喻戶曉的未來資產證券。此證券公司專攻 ETF，在韓國金融投資中最先展開全球策略，如今在美國市場搶占尖端生技 ETF，我作為曾在未來資產證券工作的過來人，感觸良多。

每年管理費用為 0.5%，比 ARKG 更有競爭力，但這並不是選股時的關鍵要素。資產管理規模為 2.65 億美元，我認為這個規模很好，能夠快速反應，還能確保報酬率。GNOM 的成立日期為 2019 年 4 月 5 日，目前還無法視為已經確立經營體

圖表 6-1　ARKG 現況

發行公司	方舟投資
管理費率（%）	0.75
資產管理規模（億萬美元）	70.65
交易量	202.27 萬
成立日期	2014 年 10 月 31 日
資產風格	成長型
追蹤指數	無

來源：ETF Database。

制，因此，需要關注是否能按照最初提出的策略來運用資金。

　　雖然管理風格和 ARKG 一樣是成長型，但因為有追蹤指數 Solactive Genomics Index，預估變動可能性相對較小。

　　接著，我們來仔細了解一下這兩支 ETF 的策略。ARKG 是主動型基金，策略是挑選最好的股票長期打敗大盤，在基因編輯、基因治療、分子診斷、幹細胞領域，都挑選具有技術、引領科學創新的企業，然後集中投資。

　　由於沒有追蹤指數，而是以由上而下的投資方式管理，因此基金經紀人的能力更為重要。對於想要克服短期變動或衝擊、追求長期報酬的散戶而言，這是他們會有興趣的 ETF。

　　另一方面，GNOM 的策略是將專門研究基因的生技公司納入組合中，包含基因編輯、基因定序、基因療法開發、基因診斷、生物技術等領域。GNOM 每年都會考慮指數，重新

圖表 6-2　GNOM 現況

發行公司	未來資產證券
管理費率（％）	0.5
資產管理規模（億萬美元）	2.65
交易量	5.03 萬
成立日期	2019 年 4 月 5 日
資產風格	成長型
追蹤指數	Solactive Genomics Index

來源：ETF Database。

調整市價總額 2 次，再平衡（rebalancing）投資組合。簡單來說，就是定期調整投資組合來搭配追蹤指數。

接下來，我們來比較持有股份規模、標的數量及比重。ARKG 擁有 44 個標的，前 10 名占整體 51％，而 GNOM 擁有的標的為 41 個，前 10 名占整體 54％；ARKG 的標的之所以更多，是因為管理資金規模龐大，如果減少數目，會對報酬率產生負面影響。

從持股公司的規模來看，ARKG 裡的小型和超小型公司比重較高，而 GNOM 的特點是大型公司占得多。基本上，企業規模越小，股價變動的可能性就越高。

ARKG 前 3 名標的占整體 25％，排名第 3 的是一間遠距醫療平臺公司，感覺背離了基因這個主題；至於第 1 名和第 2 名的公司，則和癌症診斷解決方案和反義寡核苷酸相關。隨著市場縮減，數量也隨之減少，更高度集中在核心項目上；而基因與細胞療法的生技公司約占 30％。

至於 GNOM，前 3 名標的占整體 20％，略低於 ARKG。前 3 名公司的特點都是基因療法，此外也包括診斷和分析相關技術。在整體投資組合中，前 15 名占整體 70％，其中基因與細胞療法開發公司占 44％。

ARKG 從 2018 年開始在 3 年間展現爆發性成果，但大部分都因 2021 年金融環境變化而縮減。2018 年後，ARKG 適時在投資組合中放入生技產業創新公司，進而成長為超大型 ETF，但是現在要面臨物價暴漲的考驗，他們會如何運用資金

圖表 6-3　ARKG 的持股結構和企業規模

持股結構		企業規模	
持股企業	共 49 間	大型（＞ 129 億美元）	21.32%
前 10 名	51.11%	中型（＞ 27 億美元）	35.09%
前 15 名	64.27%	小型（＞ 60 億美元）	35.28%
前 50 名	99.98%	超小型（＜ 60 億美元）	8.3%

來源：ETF Database，2022 年 4 月 25 日。

圖表 6-4　GNOM 的持股結構及企業規模

持股結構		企業規模	
持股企業	共 41 間	大型（＞ 129 億美元）	21.32%
前 10 名	51.11%	中型（＞ 27 億美元）	35.09%
前 15 名	64.27%	小型（＞ 60 億美元）	35.28%
前 50 名	99.98%	超小型（＜ 60 億美元）	8.3%

來源：ETF Database，2022 年 4 月 25 日。

並創造報酬，備受大眾關注。

　　相反的，GNOM 只成立了 4 年，討論報酬率似乎顯得有些操之過急。

　　從長遠來看，這兩支 ETF 有著相同的投資哲學，就是在經過嚴格挑選後，只投資在生技產業中最創新的公司。往後誰更能謹守投資哲學並調整流程，將決定長期成果。

圖表 6-5　**ARKG 的投資組合前 15 家公司**

代號	投資項目	資產比重（％）	細節領域
EXAS	Exact	8.92	癌症診斷解決方案
IONS	Ionis	8.6	反義寡核苷酸藥物
TDOC	Teladoc	7.49	遠距醫療
FATE	Fate	4.98	細胞療法
SGFY	Signify Health	4.15	診療服務
VRTX	福泰製藥	3.73	囊狀纖維化、罕見疾病
CRSP	CRISPR Therapeutics AG	3.54	基因剪刀
CDNA	CareDx	3.52	蛋白質工程
INCY	英賽德（Incyte）	3.14	小分子蛋白質
NTLA	Intellia	3.04	基因剪刀
BEAM	Beam Therapeutics Inc.	2.91	基因編輯
PACB	太平洋生物科學公司（PacBio）	2.74	基因定序
TWST	Twist Bioscience	2.63	研究材料
SDGR	Schrödinger	2.54	AI 平臺
ADPT	Adaptive Biotechnologies	2.34	免疫藥物

來源：ETF Database，2022 年 4 月 25 日。

圖表 6-6　**GNOM 的投資組合前 15 家公司**

代號	投資項目	資產比重（％）	細節領域
BMRN	拜瑪林製藥（Biomarin）	7.16	罕見疾病藥物
SRPT	Sarepta Therapeutics	6.68	反義寡核苷酸藥物
RARE	Ultragenyx	6.14	基因療法
QGEN	凱杰公司（Qiagen）	5.61	基因分析
ALNY	艾拉倫	5.59	siRNA
A	安捷倫（Agilent）	5.32	診斷、委託開發生產
VRTX	福泰製藥	5.04	囊狀纖維化、罕見疾病
ARWR	Arrowhead Pharmaceuticals	4.52	siRNA
1548	金斯瑞（GenScript）	4.28	細胞療法
CRSP	CRISPR Therapeutics AG	3.96	基因剪刀
MYGN	Myriad	3.67	診斷
VCYT	Veracyte	3.24	RNA 定序、機器學習
CDNY	CareDx	3.15	蛋白質工程
GILD	吉利亞	3.03	抗癌藥物
NTLA	Intellia	2.7	基因剪刀

來源：ETF Database，2022 年 4 月 25 日。

美國健康護照 ETF：XLV 和 IDNA

除了了解 ARKG 和 GNOM 之外，我還想介紹值得關注的美國健康照護 ETF—— XLV（SPDR 健康照護類股 ETF）和 IDNA（iShares 基因體學免疫學與醫療保健 ETF）。

XLV 投資在健康照護和生技領域穩定且持續獲利的企業，其優點是管理費低廉和交易量大；對於偏好低風險、想要投資美國健康照護標的的散戶來說，XLV 是非常有吸引力的選擇。其項目主要是大型製藥廠，不只追求穩定，持股名單在各方面也具有影響力，不太可能錯過成長機會。

至於 IDNA 也是集中投資美國健康照護和生技領域的 ETF，各類型比例上限是 4％，每年會重新調整兩次來規避風險。由於是以量化分析為基礎，所以適合不追求高收益，以持續穩定獲利為目標的投資人。不過，雖然是量化分析，但管理費為 0.47％，偏昂貴。

目前為止，我們說明了選擇 ETF 時需要確認的重點。所有 ETF 的結構都是如此，希望你能利用本書學習的方法，比較分析各種 ETF，選出符合自己理想條件的商品，來獲得你心中最理想的報酬率。

臺灣的生技ETF

臺灣也有生技指數，發布於 2017 年 7 月 17 日，全名為「臺灣指數公司臺灣上市上櫃生技醫療股價指數」。以市值排序，考量自由流通量與流動性等條件，選出上市上櫃生技醫療產業具市值代表性之股票，並以流通市值加權計算之股價指數，用以表彰臺灣上市上櫃生技醫療股票市場產業之績效。

此外，除了前文講到的方舟及韓國 ETF 之外，台股也有生技 ETF 可以購買，請見圖表 6-7。

圖表 6-7　臺灣的生技 ETF

ETF名稱（代號）	掛牌時間	追蹤指數	資產規模（新臺幣百萬元）	管理費	前 3 大持股
群益NBI生技（00678）	2017.01.16	那斯達克生技指數	212.84	經理費0.85%保管費0.16%	再生元製藥（8.26%）安進（8.21%）吉利德科學（8.11%）
富邦基因免疫生技（00897）	2021.10.04	NYSE FactSet全球基因免疫生技指數	2,359.91	經理費0.85%保管費0.2%	賽諾菲（5.89%）Exelixis（美國，5.40%）武田（5.40%）
國泰基因免疫革命（00898）	2021.11.22	Solactive全球基因免疫與醫療革命指數	2,519.14	經理費0.85%保管費0.2%	Exact Sciences（美國，3.93%）10x Genomics（美國，3.79%）TG Therapeutics（美國，3.38%）

※資料來源：MoneyDJ 理財網。
　以 2023 年 5 月 31 日數據為準。

2 是長期成長、還是泡沫

生技股在 2020 年 10 月之前都呈現良好趨勢,後來在超過一年多的時間內停滯不前,股價下跌幅度也越來越大,因此,與其說是根據項目調整,不如說是持續跌落。

2020 年,新冠疫情爆發,全世界陷入恐慌,韓國利用已有的技術開發快篩試劑,不僅成功迅速診斷感染者,還積極出口。氣勢高漲的生技公司不斷高喊疫苗,一致宣布疫苗與藥物的開發計畫、組成聯盟(consortium),看起來相當忙碌,但新冠病毒卻不斷變異,即使能開發原先計畫的疫苗,進度也緩慢到令人懷疑能否發揮應有的效果。

因此,大部分市場參與者認為,2020 年的生技股反彈僅是新冠病毒議題引發的短期效果,生技公司開發疫苗的速度太慢,股價泡沫正在破裂,假如 2022 年口服藥普及,Omicron 毒性降低到流感的程度,生技股的反彈自然會消失。

不過,若以這種觀點思考生技股市場的前景,很可能無法看清往後將正式展開的生技創新,因而錯過長期高成長產業能帶來的益處。

　　為了了解生技產業的前景，首先要檢視美國股市的趨勢。
如圖表 6-8 所示，在 2021 年上半年之前一直呈現良好趨勢的
生技製藥產業，進入第 3 季後開始下滑。從圖表中可以看出，
各規模企業的市價總額漲跌明顯獨立，特別是 2.5 億美元以下
的小型股，在第 1 季之前，股價趨勢相對良好，但第 3 季急速
逆轉，在第 4 季也沒有好轉。生技公司 IPO 在 2021 年第 2 季
同樣維持高水準的成績，但第 3 季的下滑幅度變大。

　　還有一個指標是，市場對於臨床試驗公布正面消息的反應
程度，股價近幾年反應程度相當低迷。氣氛突然有這麼大的轉
變，可以解釋為生技市場的泡沫破裂。那麼，讓我們來看看美
國生技公司股市究竟有什麼泡沫。

圖表 6-8　美國各規模企業市價總額變化率

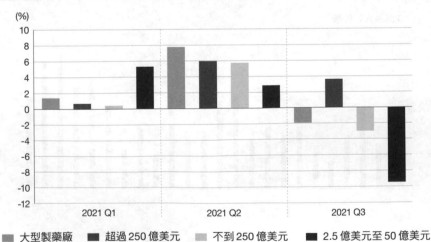

來源：Evaluate Vantage。

　　圖表 6-10 和圖表 6-11，是 2021 年生技產業中最受期待的上市公司，也就是 Sana Biotechnology 和 T 細胞重新編程公司 Lyell Immunopharma 的股價走勢圖。這兩間公司各別募集了 6.7 億美元和 4.2 億美元，但上市後的價格都大幅低於募資期間的價格，顯得後繼無力。儘管 Sana Biotechnology 是在 2021 年第 1 季、股市氣氛還不錯的時期上市，但股價在公開募股後不久就暴跌。

　　Sana Biotechnology 是 2018 年後以第三大規模上市的公司，且當時成立不到 3 年。那麼，這間公司為什麼能在 IPO 時獲得如此高的估值？

　　成立此公司的人就是創立 Juno Therapeutics 的元老，而

圖表 6-9 　美國生技公司募資總額及 IPO 數量

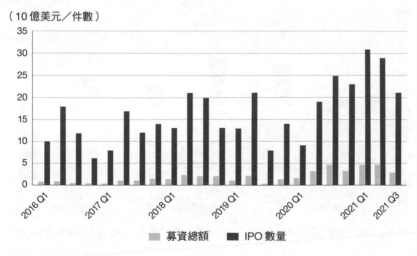

來源：Evaluate Vantage。

圖表 6-10　**Sana Biotechnology 的股價走勢圖**

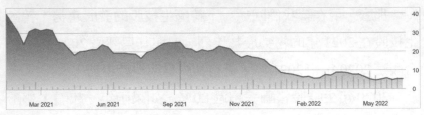

來源：Seeking Alpha。

圖表 6-11　**Lyell Immunopharma 的股價走勢圖**

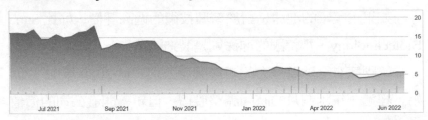

來源：Seeking Alpha。

Juno Therapeutics 當初可是以 90 億美元的巨額賣給生技公司賽基。我強調過很多次，對生技公司來說，CEO 和核心人才相當重要，美國尤其會對於擁有頂尖技術的人才賦予很高的溢價，但我認為，細胞基因療法還有一段漫長的路要走，所以這裡的高股價其實反映出人們過高的期待。

　　生技股自 2012 年起持續上漲，到了 2020 年中突破趨勢，成長速度急速加快。根據我的判斷，新冠病毒大流行後，生技健康照護部門高於市場預期（overshooting）的後遺症，在2021 年末獲得一定程度的緩解；與大盤相比，生技領域進入

相對低迷、低於市場預期（undershooting）的區間。

　　那麼，現在讓我們回顧一下韓國生技股的發展趨勢。韓國生技股在2021年的趨勢最為慘烈，但與其只評價2021年，綜合觀察2020年和2021年，更有利於掌握整體趨勢。

　　2020年生技股報酬率超過80％，如果兩年一起看，報酬率看起來仍然很不錯。再更仔細觀察，會發現2020年新冠病毒篩檢、疫苗和藥物的話題主導了市場，當初暴漲的部分大部分都跌回來了，可以解釋為正在進行為期1年以上的調整。

　　如果說美國的泡沫是對於新興技術的過高評價，好比Sana Biotechnology，那韓國的泡沫則是製造疫苗。

　　韓國擁有全球競爭力的新藥開發公司，從2020年11月開始，經過一年兩個月的時間調整股價，但新藥開發公司的價值

圖表 6-12　近年 MSCI 主要國家製藥和生技股報酬率

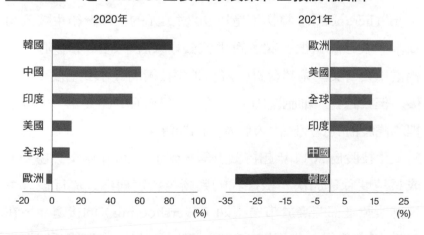

來源：Kiwoom 證券。

也會因為管線持續進展而上升。因此，若在臨床試驗中公布良好數據，股價就有望逐漸恢復。

利率上升，會讓新藥驗證更困難

讓我們從更長遠的角度來思考生技股的未來。我在第一章提到，**生技公司之所以能長期成長，奠基於四大生物基礎技術的創新，而 CRISPR-Cas9 和 NGS 是其中最直接的原動力。**

若說在 2018 年之前，科學家都在證明基因療法和細胞療法的可能性，那麼，2019 年和 2020 年則是在確認細胞療法、基因療法可以被批准為藥物後，以多種創意技術挑戰新藥，因此臨床管線暴增；再加上低利率的環境，生技公司展示能發展為新藥的可能性，以驚人的速度吸收市場上的資金。

然而，**在這些增加的管線中，仍有不成熟的技術和公司，過度的期待開始形成部分泡沫**；2021 年，被寄予過高期待的企業泡沫破裂，加速價格調整過程，進入所謂的臨床管線驗證期。我們要記得，管線驗證作業並不局限於部分泡沫破裂的上市企業，如 Sana Biotechnology，而是發生在所有領域，包含基因與細胞療法及腦神經退化性疾病等疑難雜症。

首次被批准為阿茲海默症藥物的 Aducanumab，因其療效和副作用的疑慮以及高價的爭議，不得不進行結構調整。這個案例告訴我們，主力管線一旦發生問題，就算是大型生技製藥公司也可能會受到影響。

　　因此，同樣針對乙型類澱粉蛋白為目標開發藥物的公司，都不得不繃緊神經，為了讓治療效果更為明顯、方便證明，不斷檢查試驗設計，同時還要看 FDA 的臉色。雖然腦神經退化性疾病的市場規模龐大，相當吸引人，但因為疾病目標並不明確，還有像是如何傳遞到大腦等許多技術困難，所以質疑聲浪不斷，許多人認為大型開發商是在自掘墳墓。

　　另外，分化誘導性萬能幹細胞的 NK 細胞領頭羊 Fate Therapeutics，雖然在臨床中間結果公布了良好的功效而備受關注，但在追加發表中，部分病患的癌症復發，暴露出 NK 細胞療法有持續性上的問題。為了不讓病患的 T 細胞消除 NK 細胞，科學家必須研究維持 NK 細胞殺傷力的方法。

　　T 細胞療法則持續試圖將領域擴大到固態瘤，並正在努力尋找能讓細胞激素風暴的副作用降到最小的方法。T 細胞療法很難開發成現貨型商品，所以價格昂貴，需要很長的時間開發個人藥物；為了消除這種不便，正在研究如何縮短生產及治療時間。有些大型製藥廠發布新聞稱有研究成果，但是治療領域還停留在血癌，甚至遇到了更難克服的難題，也就是固態瘤的腫瘤微環境，目前為止還沒有明顯的進展。

　　在基因療法領域，T 細胞療法先驅 Allogene Therapeutics，因病患染色體異常而中斷臨床試驗，這個消息對 CRISPR-Cas9 技術相關公司也造成負面影響。幸好他們已經確認，病患的染色體會被汙染，並不是在基因編輯過程中所發生的問題，不久後便能恢復臨床試驗。

除此之外，CRISPR-Cas9 或 siRNA 等核酸療法目前因載體的限制，只能送到肝臟或直接注射在皮膚上，適應症也因此受限。必須讓藥物送到目標組織，才能讓外泌體表面分泌特定蛋白質，這些關於藥物傳遞系統（drug delivery system，簡稱 DDS）領域的問題，生技公司正在進行多種研究，試圖找出有效的藥物傳遞方法。

簡單來說，生技產業在最近一年間，開發了基因療法、細胞療法及腦神經退化性疾病藥物，在進行臨床試驗的過程中，遇到許多技術問題，在 2019 年和 2020 年間爆發性成長的眾多管線新藥正面臨驗證可能性的激烈過程。

我在前面說過，臨床二期成功率為 31%，代表登上臨床二期這個審判臺的藥物，100 個當中有 70 個會失敗；但是，剩下的 30 個，將吸收那 70 個失敗藥品的市價總額，帶領生技產業成長。雖然可能會因為失敗太多，導致市場氣氛沉悶，但這就是生技業生態系統的本質。

利率上升的不利因素，也讓開發、驗證新藥的過程變得更殘酷。我強調過很多次，生技公司要依靠外部資金維持現金流，才能持續研發，因此對利率上升非常敏感。在低利率的環境下，事業計畫書被包裝得璀璨光明；然而，利率上升時，若碰上需要解決技術問題的重大情況，投資人就會以不同以往的苛刻眼光看待生技公司，股價也會下跌。在這段艱困的時期，生技公司必須同時面對利率上升、又有技術問題的艱難局面。

即使面臨這種困難，2021 年對生技產業來說，仍是非常

有意義的一年，因為 Alphabet 的 DeepMind 以商業為目的，創立 Isomorphic Labs，表示 AI 已經正式進入生技產業。

2020 年批准的新藥有 40% 都與蛋白質結構相關，所以可以預想得到，往後 Isomorphic Labs 的 AI AlphaFold，將會在新藥開發領域大顯身手。這可說是另一種創新，不只在結構生物學領域的物質開發階段有所助益，在初期臨床階段也會省下大量的時間和費用。

此外，在 2022 年上市的韓國生技公司 Shaperon，其以 GPCR19 為目標的 NLRP3 發炎體抑制劑，正在進行臨床二期，Shaperon 在該領域處於全球最領先地位。

ILIAS Biologics 則在外泌體領域擁有世界級技術，將於

圖表 6-13 **金融環境變化和生物創新的關係**

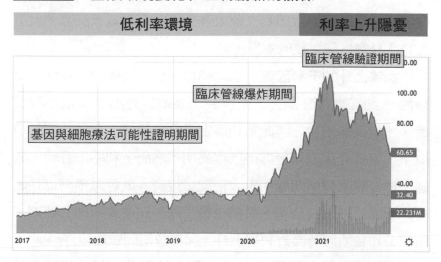

來源：Seeking Alpha。

2022 年上半年上市（按：以 2023 年 6 月為準，尚未上市）；AI 相關生技公司 Lunit 的醫療影像平臺獲得美國 FDA 的批准，正式進軍美國。

這些公司的技術能在世界市場上競爭，上市後將為生技股市場注入活力，非常值得期待。我認為，與其看好接下來股價會反彈，不如將未來視為臨床管線驗證期間的延長賽，這樣看待市場才合理。

那麼，以長遠的角度來看，基因與細胞療法技術的管線驗證期間，究竟帶有什麼意義？

生技公司發現了創新技術後，確實能試圖開發過去難以著手的新藥，但實際應用到人體上，仍會發生各種問題，所以只好進行具體的研究開發來解決這些問題。有些人看到各種技術問題時會產生負面的看法，但這是開發藥物的必經過程，只要渴望解決問題且努力開發，藍圖就會慢慢化為現實。

綜觀而言，2022 年是生技公司解決各自技術問題的時期；比起生技產業整體，投資人應該要關注生技公司在細節領域的技術是否有進步，而且是否進步得「有意義」。公司不應該將意義放在模仿開發技術，好比全世界都在開發新冠病毒疫苗的時候，就跟著開發，反倒應該將意義放在投資人更看重的東西，像是企業能否透過臨床試驗，呈現出良好的數據。

未來，管線驗證期間可能會持續下去，各公司解決技術問題的速度也各不相同，因此，重點是關注哪些技術開發速度加快、哪些技術沒有加速。物價高漲和利率上升，很有可能會進

一步為生技公司帶來壓力，因此將來要更仔細檢視發表出來的臨床試驗結果。

通常來說，大眾對某個產業的概念越來越熟悉後，股價會上升一個階段，而在股價調整、有明顯成績後，就出現前所未有的高股價。同理，經過這次嚴苛的調整後，以美國為中心的主要生技公司，會陸續傳出基因與細胞療法新藥受到批准的消息，因而進入生技公司第二波漫長的成長區間。

結語

買生技股就像渡河，
實際走過就知道不可怕

　　從 1993 年開始，日本一橋大學產業研究所定期聘請日本各領域具競爭力的重要人物，來研究技術開發案例。到 2022 年，分析產業和企業的時間，不知不覺已經邁入第 30 年，在這段日子裡，他們目睹了產業的興盛和衰弱。

　　那時令我印象最為深刻的是造船零件產業，當時有檔股票原本 1 股才 1,000 韓元左右，後來卻飆漲到 11 萬韓元。還記得 2003 年，當時釜山、蔚山、昌原（按：慶尚南道東南部都市）都因零件產業的熱潮而異常火熱，我為了親自確認相關企業的現況，而出差前往釜山探訪一週。

　　當時，造船業和風力發電業同時開始成長，生產零件的公司迎來了高成長的機會，而生產這些零件最核心的競爭力，在於是否擁有性能好的壓力機。

　　但當時，壓力機只在德國生產，從訂購到交貨大約需要 1 年的時間。在上述案例中，股價上漲 100 倍以上的公司已經提前訂購壓力機，不久後將投入生產；也就是說，他們搶占了好位置，能完全享受領頭產業的成長優惠。當時，我大略估算也

知道 1 股會超過 5,000 韓元，告訴老闆後，他雖然很開心，卻露出一副難以置信的表情、笑著請我喝茶，那時的場景，到現在我仍記憶猶新。

之後，那檔股票幫助原本處於資本虧損危機的平民金融和新村金庫聯合會，他們擁有的資金股票基金獲得業界最高的報酬率，這檔股票貢獻良多。

從投資的角度來看，好的產業、好的公司的共同特色，是具有清晰的成長脈絡，邏輯清晰、要點明確，任何人聽完了都能理解產業成長的理由。雖然為了理解產業的屬性，可能需要更多基本知識，也需要花時間理解各種技術，但去理解背後的邏輯，能幫助你看出產業的成長脈絡。

而生技產業的成長故事仍是進行式。在生技產業發明出CRISPR-Cas9 和 NGS 等創新基礎技術後，開始研發之前不敢著手的罕見疾病藥物，正在開啟新的巨大市場；往後生技公司若能具備全球技術競爭力、透過臨床試驗製造新藥，股價將會持續上升。這就是本書想要傳達的終極訊息。

即使你明白生技產業的基礎技術創新，將帶領產業長期成長，但要是無法理解生技公司的屬性，投資上也會遇到困難；也就是說，對生技產業的基本知識，包括細胞在內的科學知識、細節領域技術知識、分析企業的知識和方法等，各種關於生技公司的知識，都要達到一定水準才能正確的投資。

但是，完全不懂生物工程的非專業人士，很難理解這些內容。即使下定決心要開始學習生技，往往也不知道該從何開

始，沒有什麼進步，在鬱悶之下半途而廢。就算想要詢問讀書方法，了解生物科技的專業人士也很忙，生技公司的研究員、證券公司的分析師、新創公司投資人或老闆亦然。我自己也不是專業人士，最近幾年一直在學習生物技術，由於無法向任何人學習讀書方法，也不知道該看什麼資料，因此處處碰壁。

另外，學習過程中還會遇到一個困難，就是分析上述生技公司所需要的知識，並沒有集中在某一處，而是散落在各種書籍中。生物工程相關書籍中不可能出現臨床統計相關知識，也無法期待那本書還順帶跟你說明臨床階段和公司財務結構。就像是隱藏在一幅畫中的暗號一樣，相關知識分散在各種專業書籍、資料、論文和報導中。

實際上，根本找不到投資時需要的細節領域分類，和建立生技股投資組合的方法。

為了讓讀者容易學習，本書努力收錄非專業人士學習生技產業時，經歷試錯後了解的讀書方法、投資生技股的基本知識及核心內容。另外，我還整理了我在長期管理股票基金的經驗中領悟到的知識。因此，如果你能以各章節收錄的內容為骨架，逐漸擴張相關知識，相信肯定會獲得好的成果。

每天閱讀生技公司的新聞，關注細節領域技術，專注的逐一學習，就能詳細了解某項技術，並進而分析同一領域的公司。這本書只要讀 3 遍，就能具備生技產業大部分的基本知識，並擁有分析企業的眼光。

學習生技，就像渡河一樣，望著對岸時，會因為恐懼而難

以跨出第一步。水流湍急，河面上的石頭，每一個間隔都看起來很寬。但是，先踩到一塊石頭後，就會覺得可以再踏上下一塊，並專注在下一塊石頭上。即使中間的石頭看似被水淹沒，但當你走近一看，就會發現你的腳還是能夠踩在上面，水並沒有淹得很深。就像這樣，一步一步踩著石頭前進，你就能逐漸掌握技巧、擺脫恐懼，甚至因為覺得有趣而加快速度。

　　拋開茫然的恐懼，鼓起勇氣吧！只要具備靈活的吸收力、堅定的投資原則，腳踏實地的理解即將進入長期成長區間的生技業，建立投資組合後長期投資，肯定會獲得好成績。以投資生技股為目的，想要從現在開始正式渡過生技股這條河的散戶們，我希望這本書能成為你的第一塊踏腳石。

國家圖書館出版品預行編目（CIP）資料

投資生技股第一本書：百歲人生的最大商機。從臨床試驗到公司架構、經營者身分、技術輸出可能性，辨識生技潛力股的必備知識。／李海鎮（Albioking）著；葛瑞絲譯 . -- 初版 . -- 臺北市：大是文化有限公司，2023.08
288 面；17×23 公分 . --（Biz；433）
譯自：바이오 머니가 온다
ISBN 978-626-7328-20-0（平裝）

1. CST：股票投資　2. CST：投資分析　3. CST：投資技術

563.53　　　　　　　　　　　　　　　　　112007851

Biz 433

投資生技股第一本書

百歲人生的最大商機。從臨床試驗到公司架構、經營者身分、技術輸出可能性，
辨識生技潛力股的必備知識。

作　　者／李海鎮（Albioking）
譯　　者／葛瑞絲
責任編輯／李芊芊
校對編輯／宋方儀
美術編輯／林彥君
副總編輯／顏惠君
總 編 輯／吳依瑋
發 行 人／徐仲秋
會計助理／李秀娟
會　　計／許鳳雪
版權主任／劉宗德
版權經理／郝麗珍
行銷企劃／徐千晴
行銷業務／李秀蕙
業務專員／馬絮盈、留婉茹
業務經理／林裕安
總 經 理／陳絜吾

出 版 者／大是文化有限公司
　　　　　臺北市 100 衡陽路 7 號 8 樓
　　　　　編輯部電話：（02）23757911
　　　　　購書相關諮詢請洽：（02）23757911 分機 122
　　　　　24 小時讀者服務傳真：（02）23756999
　　　　　讀者服務 E-mail：dscsms28@gmail.com
　　　　　郵政劃撥帳號：19983366　戶名：大是文化有限公司

法律顧問／永然聯合法律事務所
香港發行／豐達出版發行有限公司 Rich Publishing & Distribution Ltd
　　　　　地址：香港柴灣永泰道 70 號柴灣工業城第 2 期 1805 室
　　　　　　　　Unit 1805, Ph.2, Chai Wan Ind City, 70 Wing Tai Rd, Chai Wan, Hong Kong
　　　　　電話：21726513　傳真：21724355
　　　　　E-mail：cary@subseasy.com.hk

封面設計／林雯瑛　內頁排版／江慧雯
印　　刷／鴻霖印刷傳媒股份有限公司

出版日期／2023 年 8 月　初版
定　　價／新臺幣 460 元（缺頁或裝訂錯誤的書，請寄回更換）
ＩＳＢＮ／978-626-7328-20-0
電子書 ISBN／9786267328491（PDF）
　　　　　　　9786267328507（EPUB）

바이오 머니가 온다
（Here Comes Bio Money）
Copyright © 2022 by 이해진（LEE HAE JIN，李海鎮）
All rights reserved.
Complex Chinese Copyright © 2023 by Domain Publishing Company
Complex Chinese translation Copyright is arranged with CIDERMICS through Eric Yang Agency

※ 本書提供之方法與個股僅供參考，請讀者自行審慎評估投資風險。

U0021029